Withdrawn

LOS LIBROS QUE LEÍMOS JUNTOS

LOS LIBROS QUE LEÍMOS JUNTOS

ALICE OZMA

Planeta

Título original: *The Reading Promise. My Father and the Books We Shared*
Traducción: Eloy Pineda
Formación: Ma. Alejandra Romero I.

© 2011, Kristen Alice Ozma Brozina

Esta edición ha sido publicada por acuerdo con Grand Central Publishing, Nueva York, Nueva York, E.U.A. Todos los derechos reservados

Derechos mundiales exclusivos en español

© 2015, Editorial Planeta Mexicana, S.A. de C.V.
Bajo el sello editorial PLANETA M.R.
Avenida Presidente Masarik núm. 111, Piso 2
Colonia Polanco V Sección
Deleg. Miguel Hidalgo
C.P. 11560, México, D.F.
www.planetadelibros.com.mx

Primera edición: julio de 2015
ISBN: 978-607-07-2884-6

Impreso en los talleres de Litográfica Ingramex, S.A. de C.V.
Centeno núm. 162-1, colonia Granjas Esmeralda, México, D.F.
Impreso y hecho en México - *Printed and made in Mexico*

Para Avant, Prospectus y
las revistas literarias de todos lados,
llenas de chicos estudiosos y fantásticos:
aún hay esperanza para nosotros

AGRADECIMIENTOS

A las tres personas que hicieron rodar el balón, Cindy Vitto, Barbara Baals, Mike Winerip: no tienen idea de cómo han cambiado mi vida. Gracias de todo corazón.

Mi adorada y adorable agente, Jennifer Gates: no he conocido a nadie como tú. Todo lo que tiene que ver con trabajar contigo me hace feliz, y todo lo que hiciste para ayudarme mejoró tanto el proyecto que no pude tener mayor suerte.

A mi absurdamente talentosa editora, Karen Kosztolnyik. ¡Gracias por creer que una recién graduada de veintidós años podía y debía escribir sus memorias sin un *ghostwriter*! Hiciste una enorme apuesta al apoyarme y espero que rinda frutos. Siento mucho respeto por ti y por lo que has hecho con mi trabajo. Hubo un motivo para que hayamos conectado en una sola junta de veinte minutos: sabíamos que esto era lo correcto.

A todos a quienes se describe, aunque no sea con exactitud: mi padre, mi madre, mi hermana, Dan, Nathan, Brittany, Teece, Steph y muchos más; por favor, perdónenme si algo me falló y sepan lo mucho que los aprecio. Y dobles agradecimientos a tres personas que tuvieron que escuchar la mayor parte de mis quejas mientras pasaba por esto: Dan, Steph y Kath. Confío en su juicio y su corazón. Les debo a todos una visita al zoológico.

Abrazos grandes para Holly Capertina, Don Kopreski, Kathy Procopio, Donna Cedermark, Jesse Zuba (Universidad Rowan, ¡están cometiendo un gran error si dejan que se vaya!), Nathan Carb, Evan Roskos, Glen Odom, Cathy Parrish y para todos en GCP; también para el padrino de la lectura en voz alta, Jim Trelease, y para Jeanne Birdsall, la familia Lemire, Nikki Jones, Adam Jordan, Adam Chazen y Ryan S. Hoffman (en verdad eres un genio). Besos a los Brozina, Sandone y Angelucci-Donofrio. Abuelita y Abuelito y mi héroe personal Brett Fauver: los extraño siempre. Todo mi amor para Bill y Jane Thurman, ¡y vamos a toda velocidad con Read Aloud Chattanooga! Agradecimientos especiales para Kevin Dixon por su trabajo en mi sitio web (makeareadingpromise.com, en caso de que se estén muriendo de ganas de conocerlo) y a los fotógrafos Ryan Collerd y Alex Forster. Saludos afectuosos para *Venue Magazine*, mis colegas de Pub Suite, mis transmisiones de TVM, Angelo's Diner y Laurel Hall Room 210. No lo habría podido hacer sin queso de hebra, cajas de jugo (¡mi cura para el bloqueo del escritor!) y las burbujas Dorothy de LUSH Cosmetics (¡y sí, estoy mencionando el producto a propósito con la esperanza de que lo pongan de nuevo en circulación!). Brian y Rabino, son unos felinos incomparables. Gracias por sentarse afuera cuando escribía en el pórtico.

¡Vamos, Phils!

Y a mi padre, que ha prometido no leer nunca en voz alta este libro porque es vergonzosamente sentimental; recuerda las palabras con las que bailaremos en mi boda: «Solo Dios sabe lo que habría sido sin ti».

PRÓLOGO

por Jim Brozina, padre de Alice

Una cálida noche de verano de 1998, volvía de llevar a un amigo y su hija a un concierto en Filadelfia cuando encontré a Alice, mi propia hija, saltando como loca en la entrada de la casa, agitando los brazos y gritando. Como era casi medianoche, pensé que algo terrible debió de suceder, de modo que detuve el coche y salí de prisa.

—¿Qué haces? —gritó—. ¡Mira la hora!

Entonces me di cuenta. ¡Había olvidado nuestra promesa por completo! Entramos, tomamos nuestro libro y empezamos a toda prisa la lectura de aquella noche.

Meses antes, en un esfuerzo por evitar el final de las lecturas en voz alta, ya que temía que mi hija se sintiera demasiado mayor para un juego de esta naturaleza, hicimos el pacto de que le leería todas las noches. Como no estaba acostumbrada a las medidas pequeñas, Alice decidió con valentía que leeríamos durante mil noches. Yo tenía mis dudas porque sentía que algo podría salir mal en el transcurso de tantas noches y entonces sería prácticamente imposible de cumplir. Sin embargo, como padre y maestro, sentí que tenía el deber de estimular las aspiraciones de mi hija, y no de desalentarlas. De todos modos, pensar en mil noches hacía que mi cabeza diera vueltas.

Como se cuenta en esta historia, nuestras lecturas abarcaron muchas más. En todo tipo de desavenencias y circunstancias, perseveramos hasta que al final La Promesa terminó casi nueve años después. Alice y yo no buscamos precedentes en lo que hacemos, así que no nos pareció especialmente raro el hecho de pasar parte del día leyendo juntos desde que ella tenía nueve años hasta el verano de sus dieciocho.

Para mantener viva nuestra promesa, hubo días en que nuestra sesión empezó a las doce de la noche y otros en que leíamos a una hora impropia de la mañana. Muchas veces tuve que despertarla de un sueño profundo. En otras ocasiones fue ella quien, con cautela, me despertó a mí. Ninguno de los dos se quejó nunca por ello. Estábamos comprometidos con llevarla a cabo y no íbamos a permitir que ningún inconveniente se interpusiera. Nada perdurable se ha logrado sin esfuerzo: las cosas de las que nos sentimos más orgullosos requieren mucho tiempo y dedicación.

Después de leer, a menudo le preguntaba cómo había estado su día y qué cosas le pasaban. Se volvió una manera natural de mantenernos en contacto.

En gran medida, nuestras lecturas provinieron de los libros que enviaron a mi escuela con motivo de la feria anual que organicé para los estudiantes durante tres años, cuando trabajaba como bibliotecario escolar. De cada una de ellas, llevaba a casa una colección de títulos que sopesábamos leyendo algunas partes hasta encontrar los que servirían para nuestros fines.

Una vez iniciada, puede ser difícil ponerle un alto a una promesa de lectura. Lo único que logró detenernos fue su partida de casa casi nueve años después.

Si quieres comenzar tu propia promesa, debes empezar por llevar a tu hijo o hija a la biblioteca pública, en cuyos estantes pueden buscar juntos libros que deseen leer. Cuando alguno de ustedes encuentre algo, muéstrelo al otro. Deja que tu hijo o hija descarte lo que tú elegiste, pero duda en rechazar lo que le entusiasme. Recuerda que esto es algo que haces para él o ella.

Cuando hayan acumulado los libros suficientes para cumplir con su propósito por el momento, pídelos prestados y llévalos a casa. Tu hijo saltará de alegría mientras anticipa las grandes noches de lectura que los esperan. A medida que el tiempo pase, ambos empezarán a identificar series y autores favoritos. Incluso habrá algunos a los que regresen una y otra vez. Puede pensar en adquirir los más populares en una librería local o en una de las muchas que venden en línea. Estos tesoros pueden pasar de generación en generación. ¿Qué mayor regalo para sus descendientes aún por nacer que el amor por los libros y la lectura?

Mi amor por la lectura en voz alta empezó cuando era muy joven. Mi madre, quien no tenía coche durante el día porque mi papá lo usaba para ir al trabajo, nos llevaba a pie a mi hermano y a mí hasta la biblioteca local, a dos kilómetros de distancia, donde cada uno pedía en préstamo dos libros. Uno era para que lo leyéramos por nuestra cuenta; el otro nos lo leería ella.

Si a ti te leyeron en tu infancia, es mucho más probable que lo hagas con tus hijos. Crea una tradición familiar perdurable.

El mayor regalo que puedes dar a tus hijos es tu tiempo y tu atención íntegra. A medida que pasen los años, al reflexionar sobre tu vida puede que te arrepientas de haber dado prioridad a ciertos asuntos en algunas áreas. Nadie dirá nunca, sin importar lo buen padre que haya sido: «Creo que pasé demasiado tiempo con mis hijos cuando eran pequeños».

A los niños no se les engaña con facilidad. Saben cuáles son las prioridades de un padre. Cuando mi esposa me dejó, no busqué pareja durante más de seis años. Quería que las niñas tuvieran la plena seguridad de que estaría allí para ellas. Si una madre se va de casa y el padre se la pasa fuera toda la noche, ¿dónde las deja eso a ellas? Supongo que pensarían: «Mamá está con otro hombre, papá tiene a su nueva chica, pero ¿a quién tenemos nosotras?».

En 1985, la Comisión de Lectura, financiada por el Departamento de Educación de los Estados Unidos, declaró: «A fin de cuentas, leerle en voz alta a los niños es la actividad individual más importante para el desarrollo del conocimiento necesario para el éxito en la lectura». Se estimuló la lectura en la escuela y el hogar. La conclusión a la que llegó el panel fue: «Es una práctica que debe continuarse en todos los años escolares».

Según recuerdo, en mis años de estudiante solo hubo un profesor que nos leía en voz alta, y eso pasó cuando estaba en el último año de preparatoria. El señor Frank Duffy nos deleitó con *Macbeth* de William Shakespeare. En ese entonces los demás estudiantes y yo pensábamos que estaba perdiendo el tiempo y que debía de ser demasiado perezoso como para enseñarnos de verdad. Después de dos semanas de lecturas, esperábamos con ansias para escuchar lo que sucedía después. Todos nos sentábamos en el filo de los asientos para atrapar cada palabra. Si algún estudiante hablaba mientras el señor Duffy estaba leyendo, le pedíamos rápidamente que se callara y se le identificaba como un auténtico tonto.

El resultado final de que se diera el tiempo para leernos en lugar de que leyéramos por nuestra cuenta fue que he retenido un interés perdurable por las obras de Shakespeare. ¿Qué beneficio habría obtenido si el señor Duffy nos las hubiera enseñado de la forma habitual, de modo que al terminar no habríamos querido volver a escuchar el nombre de William Shakespeare jamás?

Dudo que Alice les cuente esto en su historia, pero ella fue una de los únicos tres estudiantes, entre más de trescientos de su clase de segundo año de secundaria, que obtuvo una calificación de competente avanzado en la sección de lectura de su prueba estatal. En esa época, nuestra promesa de lectura llevaba más de cuatro años. Obtuvo la calificación más elevada de su clase en la prueba nacional de estandarización (PSAT) cuando iba en segundo año de preparatoria. En esa época, estábamos en el séptimo año de lecturas. Y ganó dos veces el primer premio en concursos nacionales de escritura en su último año de preparatoria; para entonces llevábamos más de ocho años leyendo sin faltar un día.

Todo esto no hizo, por supuesto, que Alice fuera una niña aburrida. Creo que en la vida de todos hay un incidente que los define, que muestra su carácter y de lo que están hechos. Nunca hice ni quise que Alice buscara un trabajo mientras iba a la escuela; creo que esos días deben estar reservados para aprender y divertirse. Tendría mucho tiempo para el mundo laboral en el futuro, y yo ganaba lo suficiente con mi trabajo en las escuelas para proporcionar lo necesario para nosotros dos. Alice tenía la libertad de hacer lo que quisiera en su tiempo libre. Ella se encargó de escribir una obra de teatro titulada *Tiny* y organizó a otros adolescentes talentosos para que la ayudaran a montar esa obra en una de mis escuelas durante las vacaciones de verano.

Aparte de proporcionar el dinero que necesitaba para vestuario y todo lo relacionado, no tuve ningún otro papel, excepto el de ser un adulto más entre los asistentes. Los estudiantes de mi escuela que se prestaron como voluntarios para participar en su producción fueron sus actores. Eran estudiantes que estaban entre el segundo y el quinto año. Ninguno de ellos había formado parte de una aventura como aquella. En mi escuela siempre ha habido un índice de pobreza de 88% o superior. Alice pudo elegir hacerlo en la escuela a la que asistió de niña, que contaba con mayores recursos y estaba cerca de nuestra casa, pero se propuso llevar esta actividad a niños que nunca habían experimentado este tipo de cosas.

Más de cuarenta estudiantes regresaron hojas de permiso en las que se especificaba lo que necesitaríamos de los actores en cuanto a horas y fechas de ensayos. Menos de la mitad de los aspirantes asistieron al primer ensayo. La niña que había mostrado más potencial en las pruebas abandonó cuando se dio cuenta de que no se le había dado el papel femenino principal. Todo fue cuesta abajo desde entonces.

La asistencia a los ensayos de la obra rara vez superaba la mitad de los actores que debían intervenir ese día, y quienes asistían a menudo llegaban tarde. La paciencia de Alice tuvo que pasar duras pruebas porque los actores esenciales dejaban de asistir a los ensayos durante varios días sin dar aviso ni razón.

Tuvo que rehacer su guion una y otra vez, desechando personajes o combinándolos para que coincidieran con la cantidad de actores con que podía contar en los ensayos. En ocasiones, quienes dejaban de asistir regresaban después de una semana y querían que se les devolviera su parte.

Me sentía desconsolado al ver lo que pasaba y la tensión bajo la que estaba Alice para hacer realidad su obra de teatro. Ni una sola vez perdió la paciencia o cedió a la desesperación. Yo odiaba tratar el tema de la obra de teatro con ella en nuestro tiempo libre, porque no quería que mis temores tuvieran una influencia excesiva sobre ella. Pensaba que lo que ella estaba pasando habría puesto a prueba la paciencia de un santo y quebrado la voluntad de un hombre más fuerte que Ahab, pero día tras día Alice se reorganizaba y concentraba en lo que todavía era posible en lugar de lo que se había perdido.

Todo culminó en una obra de teatro que habría hecho sentir orgulloso al departamento de teatro de una preparatoria. Y montó otra al año siguiente con resultados similares. Amabilidad, confianza y optimismo la definen. Nunca he sabido que cometa un acto malintencionado ni que piense siquiera en ponerse por delante de los demás.

Antes de tener hijos, solía decir: «Cuando lleguen, no voy a hablar con ellos hasta que cumplan dieciséis años, y entonces les voy a pedir que se busquen un trabajo». El hecho de sostener a mis hijas en mis brazos me llevó a replanteármelo. En mi vida he descubierto que hay muy poco para lo que tenga aptitudes: no puedo componer un auto, reparar el techo y ni siquiera poner un clavo derecho. Sin embargo, he dado lo mejor de mí para ser padre y veo los resultados con mucho gusto.

Si un niño ve en un padre algo a lo que aspira, lo copiará y se sentirá satisfecho. Si un niño siente que su padre vive con compasión y entendimiento, paciencia y amor, no tendrá que atravesar una etapa de rebelión contra él. ¿Por qué rebelarse contra alguien que te ha escuchado y que quiere ayudarte a cumplir tus sueños?

Un padre que ha demostrado una y otra vez que el crecimiento y la felicidad de sus hijos son su prioridad no tiene que preocuparse por el rumbo que tomarán esos niños en la vida. Mientras vivan serán miembros sensibles y productivos de la sociedad.

Esta historia está escrita por una niña de ese tipo y trata sobre ella.

ESTE NO ES UN LIBRO ACERCA DE LIBROS

Este libro trata acerca de personas. De las criaturas vivas que respiran en el mundo que nos rodea y que necesitan nuestro amor. Este es un libro sobre cómo los libros pueden unir a las personas y cómo ese lazo puede perdurar toda una vida. No hay revisión a fondo de simbolismos ni se analiza exhaustivamente a los personajes, y nadie deja de hacer lo que está haciendo para sopesar el significado de una línea o una frase mientras está subido en una montaña rusa, come un sándwich o baila con una banda de *swing*. Mi padre y yo hicimos esas cosas, y tal vez habrían dado lugar a un buen libro. Pero no es este.

Este libro es acerca del acto de leer y del tiempo dedicado a hacerlo. Es acerca de las 3,218 noches que mi padre y yo dedicamos a leer todo lo que pudimos encontrar. Los libros son importantes, pero las conversaciones a las que dieron lugar y los lazos que crearon son lo principal.

Los títulos pueden resultarles familiares. Las conversaciones pueden recordarles a las suyas. Para muchos de ustedes, este podría ser un viaje por el camino de los recuerdos. Pero si no has leído un solo libro de los que leímos o tiendes a quedarte dormido antes de que puedas terminar un capítulo, y aunque nunca te hayan leído y nunca le hayas leído a otra persona, este libro es también para ti.

Cuando recuerdo la promesa que mi padre y yo hicimos, los libros son esenciales. Pero la estrella fue, y siempre lo será, el hombre que los leyó y la devoción que me mostró al hacerlo en voz alta.

Este libro es acerca de la colcha que representa nuestras vidas y de todos los parches, algunos rasgados, otros vibrantes, que tejieron en ella los libros que leímos. Este libro es acerca de recordar lo que leías cuando tu hermana se mudó, pero también acerca de cómo se sintió ese último abrazo. Es sobre recordar las palabras de las páginas sin olvidar nunca de quién era la cabeza que se apoyaba en tu hombro mientras las leías. Es sobre el crecimiento, el cambio, el temor, la esperanza, el triunfo y sí, sobre los libros. Trata sobre todas esas cosas porque la lectura nunca es, ni puede ser, solo acerca de personajes y tramas.

Leerle a alguien es un acto de amor. Este libro es sobre todo una historia de amor.

CAPÍTULO UNO
DÍA 1

—Yo también tengo un miedo horrible a caerme
—dijo el León Cobarde—, pero supongo
que no tenemos más remedio.
Así que sube a mi lomo y lo intentaremos.

L. Frank Baum, *El maravilloso mago de Oz*

Empezó en un tren. De eso estoy segura. El maratón de lectura de 3,218 noches al que mi padre y yo llamamos La Promesa empezó en un tren a Boston, cuando yo iba en tercer año de primaria. Leíamos *El hombre de hojalata* de L. Frank Baum, el libro número doce de la adorable serie de Oz, unas cuantas horas después de iniciar nuestro viaje. La mujer al otro lado del pasillo volteó hacia nosotros y preguntó por qué mi papá me leía en un tren. Simplemente le dijimos que era lo que siempre hacíamos; me había leído todas las noches desde que podía recordar, desde que leímos *Pinocho* cuando tenía cuatro años. Estar de vacaciones no era diferente. ¿Por qué no leer? ¿Por qué no leer siempre?

Pero su sorpresa nos hizo pensar: si de todos modos íbamos a leer en vacaciones, ¿qué tan difícil sería que la lectura de cada noche se convirtiera en una meta oficial? Sugerí a mi padre que nos propusiéramos cien noches consecutivas de lectura, y él estuvo de acuerdo con el desafío. Así es como lo recuerdo.

Sin embargo, si le preguntas a él, como mucha gente ha hecho recientemente, pintará un cuadro completamente diferente.

—Lovie —me dice mientras soporto pacientemente su versión de la historia—, tienes grietas en la cabeza. ¿Quieres saber lo que pasó o solo vas a escribir cualquier cosa que llegue a tu mente?

Lovie, como estoy segura que podrás adivinar, no es mi verdadero nombre. Me llamo Alice, pero solo en parte. Mi nombre completo es Kristen Alice Ozma Brozina, pero no me interesa Kristen. Alice y Ozma son nombres que mi padre tomó de la literatura, nombres que más tarde elegiría yo misma. Es una decisión que requirió mucho tiempo, pero estoy muy contenta de haberla tomado. Siempre sentí que esos eran mis nombres en realidad, como explicaré más adelante. Además, Lovie no es un apodo cariñoso, como podrías pensar. Como todo lo demás en el vocabulario de mi padre, es una referencia a algo; esta vez, es el sobrenombre que el señor Howell da a la señora Howell en *La isla de Gilligan*. Mi padre nunca me llama por mi nombre; Lovie es su alternativa más común. Pero cuando yo dejo caer una cosa, olvido algo o hago cualquiera de las tonterías que todos hacemos de manera regular, a «Lovie» le siguen expresiones como «¡Boba!».

—Entonces cuéntame tú —digo de pie en la puerta de entrada, mientras se prepara para salir a algún encargo.

—Bueno, ¿cuándo se fue mamá? —pregunta.

—Yo tenía diez años.

—Muy bien, así que empezó en 1997. La Promesa llevaba un año cuando ella se fue.

—¿Y qué estábamos leyendo?

—Bueno —dice pensativamente—, tenía que ser un libro de Oz. En eso andábamos por aquel tiempo. Yo quería probar otras cosas, pero tú querías hacer lo mismo una y otra vez.

Hasta ahora estamos de acuerdo. Pero sé que no durará mucho.

—Estábamos en la cama, habíamos acabado de leer —continúa—, y yo tenía miedo de la maldición del señor Henshaw.

—¿Cuál es esa maldición?

—*Querido Señor Henshaw* era el libro que le quería leer a Kathy cuando ella me pidió que dejara de leerle —dice casi en un susurro.

Queda claro que este recuerdo, aunque ya han pasado casi dos décadas, aún le crea problemas. Mi hermana iba en cuarto año cuando dijo que ya no quería que mi padre le leyera. Le parecía infantil, sobre todo porque ya estaba leyendo novelas sola. Pero para él no fue tan fácil. Él era bibliotecario de escuela primaria y lo que más le gustaba era leer para los niños; tal vez, aparte de ser padre, es lo que hace mejor. Su voz tranquilizadora y sus expresiones faciales ensayadas han conquistado a más de mil niños a lo largo de su carrera. Me conquistó a mí también, pero yo ya estaba de su lado.

—Durante algún tiempo le había dado vueltas a la idea de sugerirte que hiciéramos la promesa de leer juntos, porque así por lo menos serías un poco mayor cuando dejáramos de hacerlo. Yo lo sugerí y, con toda honestidad, ¡pensaba que ibas a proponer que leyéramos cien noches consecutivas!

Ríe mientras lo recuerda. Yo no me río porque creo que sí sugerí cien noches seguidas, al menos al principio.

—No —continúa—. De inmediato dijiste: «¡Leamos mil noches seguidas!». Y tuve que fingir entusiasmo, por supuesto, pero no me sentía demasiado optimista. Mil noches es mucho tiempo.

Tengo que detenerlo allí. Nada de esto me parece correcto. En primer lugar, le recuerdo que nuestra meta había sido cien noches. Sin embargo, cuando la alcanzamos y celebramos con una cena con panqués en la fonda local, decidimos fijar una nueva. Nos saltamos las discusiones de opciones menores, desde doscientas hasta quinientas, y al final decidimos intentar llegar a mil noches. Se lo digo, pero él solo mueve la cabeza. Cuando trato de explicarle que La Promesa en realidad empezó en el tren, él me interrumpe.

—¡Ah, «el curioso incidente del tren a medianoche»! —dice, adaptando el título de una de nuestras historias favoritas de Sherlock Holmes—. Recuerdo esa parte con toda claridad porque nunca pierdo la oportunidad de presumir lo buen padre que soy. Íbamos en el tren a Boston para disfrutar el paisaje durante el fin de semana, y la mujer de al lado observó lo dulce que era que te leyera. Le dije de inmediato que teníamos una promesa y ¡ya llevábamos cuarenta noches! Yo estaba muy complacido conmigo mismo, tanto como un pavo real, por haber llegado a cuarenta noches.

Los dos nos reímos, pero yo lo hago en parte porque sé que está equivocado. La del tren fue la primera noche, obviamente.

Lo cierto es que no importa cuántas veces nos lo han preguntado, nunca nos ponemos de acuerdo sobre esta historia. Coincidimos en unos cuantos detalles, pero yo era muy pequeña y él está envejeciendo. Algunos recuerdos se mezclan con otros, y nuestras versiones individuales sobre cómo empezó La Promesa cambian con tanta frecuencia que es casi imposible llegar a un acuerdo. Ni siquiera logramos recordar cuándo empezamos a decirle La Promesa ni de quién fue la idea de llamarla así. De haber previsto que con el tiempo duraría más de tres mil doscientas noches y abarcaría casi nueve años, desde la primaria hasta mi primer día en la universidad, habría tomado notas al principio. Pasaron años antes de que empezáramos siquiera a llevar un registro de los libros que leímos durante nuestra «lectura de primera», otro término para nuestra adicción nocturna que encontramos en *La gran Gilly Hopkins*.

Sin embargo, el hecho de que supiéramos que habría de terminar no significa que tomáramos nuestra Promesa a la ligera. Nuestras reglas siempre fueron claras y firmes: teníamos que leer por lo menos diez minutos antes de medianoche, sin excepción, aunque casi siempre era mucho más. Debíamos hacerlo con cualquier libro que estuviéramos leyendo en ese momento, pero si nos encontrábamos fuera de casa cuando llegara la medianoche, podíamos usar cualquier material impreso, desde revistas hasta programas de beisbol. Debíamos leer en persona, pero si no teníamos la oportunidad, bastaba con hacerlo por teléfono. Bueno, más o menos, porque podía notar el tono molesto en la voz de mi padre cuando llamaba para informarle que me quedaría a dormir en casa de una amiga. Él suspiraba, dejaba el teléfono y yo esperaba mientras él iba por nuestro libro. En ocasiones, me pedía que volviera a llamar en diez minutos.

—¡Aún no he hecho la prelectura! —protestaba.

Él insistía en ensayar y, en el caso de la mayor parte de los libros de adultos, en ocasiones censurar nuestra lectura.

Recordamos mejor los detalles del final de La Promesa, porque son más recientes y porque nuestro registro mejoró. Cuando pasamos de las mil noches, varias veces la salvamos por poquito y leímos al cuarto para las doce; era como para morderse las uñas. Por supuesto, ambos recordamos cómo terminó. Ese es el tipo de acontecimiento que ni siquiera mi padre puede olvidar, un evento que temimos durante años. Sin embargo, hubo un principio antes de eso, pero francamente no sé cuál.

Creo que estaba recargada contra él, en el hueco de su brazo, con mi cabeza sobre su pecho, mientras nuestro tren a Boston pasaba a toda velocidad casas, escuelas y campos de beisbol que se volvían manchas coloridas. Ya estábamos dedicados a L. Frank Baum y los libros de Oz, que en realidad leíamos por segunda o quizás tercera vez. Mi padre adoraba las descripciones del liderazgo y las mujeres de Baum, sin mencionar su humor franco y correcto que nos hacía reír a carcajadas cada vez que lo volvíamos a leer. Me gustaban las maravillosas descripciones de lugares hermosos y de espléndidos salones llenos de personas y buena comida. Cada vez que nos alojábamos en un hotel, como en el que nos quedamos en Boston, me preguntaba si se parecía al palacio de Glinda o Rinkitink. Esa noche, mientras mi padre leía la descripción del palacio en la ciudad Esmeralda, con sus maravillosos estandartes y sus torretas con gemas incrustadas, yo me retorcía ansiosamente en mi asiento, entusiasmada por llegar al Marriott y registrarnos. Repaso este episodio y mi padre mueve su cabeza.

—Así es como lo recuerdo —insiste mi padre, después de repetir su historia sobre el principio por tercera vez en el día, y los detalles solo varían un poco cada vez. Pero luego suspira.

»Pero el problema de mis recuerdos es que siempre tienden a engañarme —admite.

Me siento durante un minuto, comparo mis notas sobre ambas versiones y veo lo que tienen en común. Estoy por empezar mi discusión una vez más, porque a veces convenzo a mi papá de que tengo razón con solo repetir algo una y otra vez, o al menos eso lo desgasta. Sin embargo, sabe que empiezo a perder la paciencia porque ya me ha dado la espalda mientras estoy por iniciar mi diatriba.

—Voy a buscar tesoros en el clóset de los abrigos —dice, disponiéndose a bajar las escaleras.

No sé si se trata de un plan literal o de un dicho que espera que yo entienda, pero es evidente que la conversación se ha terminado. De todos modos, no creo que hubiéramos llegado a un consenso.

Pero así es como lo recuerdo.

CAPÍTULO DOS
DÍA 38

—*Puedo nadar —dijo Roo—, caí en el río y nadé.*
¿Los Tiggers pueden nadar?
—Por supuesto que pueden.
Los Tiggers pueden hacerlo todo.

A. A. Milne, *El rincón de Puh*

Asentada en el centro del Benjamin Franklin Memorial Hall de Filadelfia se encuentra una estatua de seis metros de altura del propio Franklin con aspecto cansado pero todavía curioso. Me paré frente a ella, porque es un rostro familiar después de años de membresía en el Instituto del mismo nombre, pero miraba más allá; aquel día estábamos mirando el cielo.

En el centro del domo del techo, cinco metros y medio arriba de nuestras cabezas, un hombre colgaba por un brazo de un listón rojo, balanceándose suavemente como esas campanillas tubulares que se ponen en la puerta para que las mueva la brisa. El cuarto estaba en silencio, o por lo menos yo lo estaba. Esto último era raro; mi padre sonrió con sorpresa. Los músculos del hombre extraño, visibles a través de su leotardo brillante, pulsaban y se contraían. Aun a cinco metros y medio por debajo, podía ver cómo el sudor caía por su frente. Pero su rostro permanecía perfectamente quieto. Su sonrisa, distante y serena, era inconfundiblemente ensayada. Para mí, eso lo hacía mucho mejor. Adoraba la teatralidad. No era un niño tratando de hacer acrobacias por diversión. Era un profesional que iba al trabajo, como siempre, y ejecutaba sus movimientos, si no con alegría, al menos con precisión y gracia. Se le pagaba por crear belleza, y lo hacía bien.

—¿Por esto vinimos aquí? —pregunté.

Éramos socios de un montón de museos de Filadelfia y los visitábamos cada sábado, pero aquel día llegamos temprano al Instituto Franklin. Él asintió. Vi la conexión, aunque no era la intención de mi padre. Desde que empezamos nuestra Promesa, apenas unas semanas antes, se había sentido como si estuviéramos en medio de un acto de equilibrista. Lo que estábamos haciendo era hermoso, por supuesto, pero difícil. En ocasiones me sentía cansada, realmente cansada, como el último sábado cuando regresamos muy tarde de un viaje de ida y vuelta a Baltimore durante el que apenas pude mantener los ojos abiertos. Me esforcé por seguir la lectura que hizo de las páginas finales de *James y el melocotón gigante*, y luego hice que me releyera esas páginas la noche siguiente porque pensaba que las había soñado. Pero en realidad no había sido así; solo había algo en los libros de Roald Dahl que todo lo hacía parecer un sueño. Los colores vivos, la oscuridad subyacente que a veces aludía a la desesperación. El final parecía demasiado feliz como para coincidir con el resto del libro, pero yo no era alguien que se quejara de un final así.

—¿Alguna vez harías eso? —me preguntó mi padre, señalando lo alto que colgaba el hombre con el extraño traje.

Respondí sin apartar siquiera los ojos del hombre.

—Por supuesto —afirmé—. ¿Quién no?

—Mucha gente. Este hombre sabe lo que hace, pero no deja de ser arriesgado. ¿Estás segura de que subirías allí? Te abrirías la cabeza. Tus sesos terminarían saltando y salpicando por todo el mármol, y me pedirían que los limpiara.

Miré al hombre en el cielo. Parecía esforzado en su trabajo, pero incansable. Los movimientos eran tan fluidos veinte minutos después de iniciada la rutina como en los primeros segundos, si no es que más. Miré a las más de cien personas que estaban paradas junto a nosotros, viendo hacia arriba.

—Si me muero —dije al final, alegremente—, todos me estarían mirando.

Él se rio. Permanecimos por unos minutos más con el cuello doblado para mirar arriba. Cuanto más pensaba en ello, más trabajo me costaba decidir si todos deberíamos aplaudir al hombre o esperar en secreto a que se cayera. Sin embargo, ¿sería una mala manera de morir, con una multitud viendo cómo haces lo que amas?

Pero entonces imaginé lo que sería hacer que la gente mirara cómo haces todo lo que amas. Nos encantaba leer, y La Promesa iba bien hasta entonces, en el sentido de que estábamos disfrutándola y no habíamos fallado una sola noche. Pero me gustaba que fuera privada, algo que hacíamos en casa sin que nadie mirara y de lo que nadie sabía. Ni siquiera se lo había contado a mis amigos. Tenía confianza en que podríamos llegar a las mil noches. Hasta sonaba fácil. Pero mi padre estaba menos seguro, y eso me ponía nerviosa. Por lo menos nadie tenía que vernos caer. No como a ese hombre. Si se caía, todos lo verían. Moriría haciendo lo que ama, sí, pero todos lo verían caer. No pensaba que pudiera pasar. Estaba esforzándose y sudando profusamente, pero sabía lo que estaba haciendo. Como nosotros.

Observé un pequeño artefacto allá arriba, junto a él, suspendido de la punta más alta del domo; una cosa plateada y brillante, como un avión en miniatura. Me fascinó. Al principio pensé que era solo un escenario teatral. Él estaba representando a un personaje, tal vez un piloto que decidió detener su aeronave en medio del aire y saltar hacia afuera para colgarse de las nubes. Pero luego me di cuenta de que el avión también estaba balanceándose, solo que con mucha mayor suavidad que el hombre, un movimiento apenas perceptible pero de alguna manera hipnótico. Mis ojos fueron del hombre al avión. Esperaba que algo sucediera, pero no estaba segura de qué. ¿El avión iba a volar? Además, después de mirar a un hombre colgando de un pañuelo sobre nuestras cabezas, ¿sería realmente tan impresionante?

Entonces, un destello de color salió de las ventanas en miniatura del avión. Alguien o algo estaba dentro. La rutina parecía acercarse al final, pero el hombre alcanzó la puerta. Una mujer, vestida con hermosos colores de pavo real, apareció en un pequeño asiento y saltó para encontrarse con él. Contuve el aliento. ¿Estuvo allí todo el tiempo? ¿Por qué la hizo esperar en ese pequeño avión, enredada como madeja, mientras él exploraba todo el techo? Parecía un poco egoísta. Más que nada, pensé, era una tontería; ella era absolutamente hermosa.

Bailaron juntos en un dueto silencioso e intenso. Cuando ella se colgó de su mano, no una sino tres veces durante toda la rutina, vi que confiaba en él. Yo no lo habría hecho, de haberme mantenido en una caja mientras todos lo miraban a él. Pero cuando terminaron, aplaudí. Por ella.

Nos dirigimos a comer nuestro almuerzo, sándwiches caseros de mantequilla de cacahuate, en el Lugar en Alto. Era nuestro sitio secreto, un asiento oculto a plena vista en la parte superior de una escalera con vista al atrio. El Lugar en Alto era perfecto para mirar a la gente que nos encantaba a los dos. Distraída por un niño con un yoyo, me tropecé con mis agujetas.

—Mona tonta —me dijo afectuosamente mi papá, mientras me ayudaba a ponerme de pie—. Más tardarían en subirte a ese avión que tú en caer de cara desde el cielo. Sabes que no tendría tiempo de atraparte. Y aunque lo hiciera, me aplastarías.

—Podría hacerlo —le dije después de que me entregó un sándwich. Trataba de quitar los trozos de cacahuate de la mantequilla untada en los sándwiches que él insistió en que comiéramos—. Quiero decir que la mujer allá arriba era mucho mejor que el hombre. Se nos da de manera natural.

Sabía que lo tenía en la mano. Mi padre era y es un devoto feminista, por la única razón de que tiene dos hijas. Las líderes lo impresionaban infinitamente. En este punto de La Promesa, no habíamos ido más allá de releer los libros de Oz. Esas adorables mujeres gobernantes, juiciosas y amables, además de hermosas, fueron algunas de los primeros amigos literarios que hicimos juntos. Él aplaudía a las mujeres jóvenes, sobre todo a quienes tenían ingenio y un poco de actitud. Aunque por lo general yo me ponía las blusas al revés y poco antes me había cortado las cejas con las tijeras de cocina, él estaba seguro de que yo era capaz de grandes cosas, como todas las mujeres. Yo sigo esperando que pase.

—Sí, la mujer en realidad se robó el acto. El hombre no sabía lo que estaba haciendo hasta que ella apareció. Solo estaba sudando y dando vueltas. Ella concretó todo.

Nos dimos un momento para alegrarnos por estar en el Lugar en Alto y por nuestras sólidas habilidades para observar a la gente, cuando pudimos distinguir, al otro lado de la sala y detrás de algunos letreros grandes, al propio artista del trapecio sacando un nuevo vestuario de un clóset. Hasta la fecha, no sé por qué un museo de ciencias contrató a un acróbata para bailar cerca del techo, pero debió de haberlos impresionado con su trabajo porque parecía preparado para una segunda presentación.

—Voy a hablar con él —dijo mi padre.

Me encogí de hombros y seguí pellizcando mi sándwich. Odiaba la mantequilla con trozos de cacahuate más que los sándwiches pastosos y húmedos, envueltos en papel aluminio de nuestra bolsa de viaje. Y aún no lograba convencerlo de que no debía untarse antes la mantequilla de cacahuate o la mermelada, y mucho menos en exceso y a ambos lados. Acababa de decidir que trataría de chupar la mermelada y dejar el resto de la mezcla grumosa para que él la acabara, cuando regresó sonriendo.

—Bueno. Parece que tendrás tu oportunidad —señaló mientras se encaramaba de nuevo al asiento.

Pensé que se refería a que íbamos a comer en la cafetería del museo por una vez; se me hicieron hoyuelos en las mejillas pegajosas. Me senté un poco más recta.

—¿De veras?

—Sí. Está arreglado —afirmó—. Acabo de hablar con el hombre; parece un tipo estupendo, y estaba preocupado porque su esposa tiene una especie de dolor de estómago. Cree que ella no podrá hacer el siguiente espectáculo. Bueno, le dije de inmediato que tú ya has hecho breves apariciones en dos obras de teatro en la escuela, que eres estupenda frente a la multitud y que no te asusta subir en ropa de calle.

Miré mi camiseta descolorida. Muchas de las estrellas verdes incrustadas estaban ahora ocultas debajo de manchas de mermelada morada. Pero esa no era mi principal preocupación.

—¿De verdad dijo eso? —pregunté con precaución.

Mi padre sabía poner cara de seriedad. Podía tratarse de una broma.

—Bueno, por supuesto que se sorprendió un poco cuando le dije que tenías nueve años. Pero una vez que me escuchó hablar sobre toda tu experiencia y lo estupenda que eras bajo los reflectores, creo que se tranquilizó. En realidad, ¿qué opción le queda?

Él movió la cabeza como si fuera trato hecho.

Lo pensé. Sí, me sentía entusiasmada por subir, preparada y dispuesta, pero no había esperado subir sin practicar. Aquel hombre obviamente tenía mucha experiencia; él podía hacer la rutina mientras mantenía la misma sonrisa congelada. Yo necesitaba una sonrisa congelada, y eso tomaría tiempo, por lo menos unas horas. Si mi padre insistía, como siempre hacía, en que necesitaba tiempo para practicar la lectura de un simple capítulo de un libro antes de compartirlo conmigo, un rápido ensayo antes de arriesgar mi vida me parecía indispensable.

—¿Cuándo es la próxima presentación?

Mi papá miró su reloj.

—A la una —respondió y luego señaló mi sándwich—. Así que mejor empácatelo.

La idea de comer, ya no digamos «empacar» la masa humedecida, me dio vértigo.

—No creo que esté lista. Necesito practicar —respondí.

—Dijo que él hablaría contigo durante toda la rutina, antes de que empieces. Sonaba muy fácil. Y recuerda, la mujer salió después de él. Puedes observarlo mientras actúa por segunda vez y aprender. Te darás una idea de cómo lo hace.

—¿Qué pasa si no quepo en ese avioncito?

—Eres una cosa chiquita, su esposa es adulta. Si ella cabe, tú también —respondió.

Comió en silencio por unos minutos. Yo deslicé mi sándwich detrás de mí y revisé la bolsa hasta que encontré unas galletas de queso, que mastiqué pensativa.

—¡Come con la boca cerrada! —exclamó mi padre después de mi primera mordida. Masticar con la boca abierta era algo que le molestaba mucho—. ¿Puedes colgarte de una mano ante cien o más personas, pero no puedes mantener tus labios cerrados mientras comes galletas de queso?

Mantuve mis labios cerrados y seguí pensando. No sentía miedo de subir si sabía lo que estaba haciendo y me daría una idea con bastante rapidez, pero necesitaba por lo menos un ensayo formal en el piso antes de hacerlo en la realidad. ¿Cómo dos adultos, dos hombres con trabajo, esposas (aunque mi madre y mi padre estaban perdiendo interés rápidamente el uno en el otro), y gusto por los museos de ciencias, esperaban que una niña realizara acrobacias en las alturas sin un ensayo general al menos? Era absurdo. Decidí que no lo haría.

—¡Aquí está! —gritó mi papá mientras el actor se echaba a caminar de nuevo, esta vez con un traje diferente—. Voy a hablar con él. ¡Termínate tu sándwich antes de que te lo quite!

Bajó las escaleras y desapareció entre la multitud, que era mucho más numerosa ahora porque los grupos escolares estaban llegando al vestíbulo para el almuerzo. Me deslicé de mi puesto de observación sosteniendo la mezcolanza envuelta con papel aluminio en la mano, y lo tiré todo en el bote de basura más cercano, con excepción de algunas migajas. Como sabe cualquier niño que come picoteando, tiene poco apetito y desperdicia la comida, un plato limpio es demasiado obvio. Debes dejar unas migajas y tener algo en tu cara. Lo había previsto. Me eché hacia atrás en mi asiento justo cuando mi padre se acercaba de nuevo.

—No hubo suerte —dijo, sacudiendo la cabeza mientras trepaba de nuevo—. No pudieron encontrar un traje a tu medida que no tuviera manchas de sudor, y luego su esposa recuperó las fuerzas en el último minuto.

—Oh, ¿de verdad? Es una pena. Yo iba a subir —repliqué.

En ese momento decidí que era verdad. Representaba una gran oportunidad. La práctica habría hecho que mejorara, por supuesto, pero eso no significaba que no estuviera lista para subir. Me podía dar una idea mientras actuaba. Eso es lo que habíamos hecho durante las últimas semanas, progresando cada noche mientras me acurrucaba junto a él en su enorme cama y escuchaba los libros que consideraba clásicos. Estábamos probando algo que parecía imposible e improvisando mientras seguíamos adelante. Y nos estaba funcionando.

—Sí —continué con gran seguridad—. Me habría gustado ayudar si me necesitaban realmente. O aunque no fuera así. Si hubiera un vestuario de mi tamaño, habría subido. A otros niños les gustaría ver a una niña allí. Y lo habría hecho bien, te lo apuesto.

Mi padre sonrió.

—Yo también lo apuesto —repitió.

—Tal vez para la próxima.

—Tal vez para la próxima —repitió, sacando otro sándwich de la bolsa y colocándolo sobre mis piernas.

CAPÍTULO TRES
DÍA 100

Mary era una personita extraña y decidida;
ahora tenía algo interesante en lo que emplear
su determinación, y estaba muy concentrada.

Francis Hodgson Burnett, *El jardín secreto*

Mi padre cerró el libro como si algo llegara a su fin, a pesar de que aún nos quedaban una o dos noches de lectura. Habíamos avanzado bastante con *Be a Perfect Person in Just Three Days!* de Stephen Manes. Era un pequeño libro de bolsillo con consejos muy extraños, que trataba acerca de un niño que leía una guía para mejorar en la vida. En la lectura de la última noche, la guía le pedía al niño que atara con una cuerda una pieza de brócoli alrededor de su cuello, y aullamos de risa ante la idea de que algo tan tonto pudiera cambiar realmente la vida de alguien. Aun después de cerrarlo, nos quedamos hechos bolita debajo de las cobijas de su cama, riendo y hablando sobre la extraña guía. El capítulo de aquella noche fue igual de divertido, tal vez más, pero cuando terminamos no hubo risas, por lo menos no al principio. Nos sentamos en silencio por un momento, sonriendo. Luego, entusiasmada, empecé a reír. Él también se rio, pero no supe qué le parecía gracioso. La incertidumbre hizo que fuera más divertido aún, así que reímos hasta que encontramos el camino de regreso al silencio. Cuando nos sentamos, callados otra vez, el aire tenía una extraña vibración, como si tampoco supiera qué debía sentir. Después de todas las expectativas y los nervios, el acto de equilibristas que estuvimos haciendo, allí estábamos. Habíamos terminado cien noches de lectura. Habíamos alcanzado nuestra meta.

—¿Qué debemos hacer para celebrar? —preguntó.

A ninguno de los dos se nos ocurría nada. Estábamos felices, muy felices, pero nunca celebrábamos mucho. Años después, cuando mi hermana entró en Yale, mi padre le compró una pizza mediana en Papa John's, lo que no fue una sorpresa considerando lo que mi papá sugirió al final para festejar nuestro logro de lecturas.

—Vamos a Flick's en la mañana —dijo con un tono que me sorprendió por lo excitado. Bueno, la excitación solo era sorprendente si conocías Flick's.

La mejor frase para describir el café Flick's es «sin compromiso». Era una construcción pequeña e inclasificable en el lado un poco pobre de la ciudad, pero aún no en el gueto. Era rectangular y achaparrado, con techos demasiado bajos, pero solo si te detenías a mirarlos. Las paredes eran blancas, los pisos con mosaicos. Las mesas eran grises, con asientos que podrían resultar incómodos después de una hora, pero la comida siempre se acababa antes de que alguien lo notara. El cuarto olía fuertemente a cigarro, casi todos los clientes encendían uno antes o después de comer, pero el aire nunca se llenaba de humo. Aquel era el lugar adonde fuimos a celebrar, y no es que no hubiera uno mejor en Millville, Nueva Jersey.

Bueno, para nosotros no había ningún lugar mejor en Millville. Habíamos ido a Flick's durante años, no podíamos recordar siquiera cómo empezó la tradición. A mi papá no le gustaba comer fuera, mucho menos en un restaurante o, como él dice, el tipo de lugar «donde viene el mayordomo». Sin embargo, en algún momento Flick's se había vuelto el único lugar donde no se preocupaba por el «mayordomo», y ni siquiera le importaba gastar diez o quince dólares para empezar bien la mañana.

Fuimos y nos sentamos en nuestro lugar habitual junto a la puerta. No necesitábamos pedir menús, porque íbamos a ordenar nuestros alimentos acostumbrados: panqués para él y pan francés tostado con canela y pasas para mí. Siempre conservábamos esta rutina, como si quisiéramos compensar con la atmósfera sin compromisos del lugar siendo extremadamente convencionales. No se parecía demasiado a una celebración, porque apenas era algo diferente a lo normal, pero una vez más el aire estaba cargado de sensación de logro. Aquella vez era más probable que el zumbido se debiera al aparato de aire acondicionado que estaba junto a nuestra mesa, pero esa mañana aún tenía algo maravilloso y electrizante. Aunque no se podía ver el sol por la pequeña ventana que había detrás de nosotros, no había nubes a la vista y el cielo era del color de los huevos de Pascua, recién pintado y todavía goteando.

Sorbí de un vaso de té helado, sin azúcar y con limón, como siempre, mientras esperaba nuestra comida. Mi padre, quien esperaba hasta que su comida llegara para pedir una bebida, solo colocó sus manos sobre la mesa y miró alrededor a los demás clientes. Tenía una especie de sonrisa torpe, lejana, que debía de llamar la atención, porque el chef y propietario se acercó. Lo conocíamos bien por nuestras visitas frecuentes, y por lo general salía a saludar, pero fue notable que lo hiciera antes de que llegara nuestra comida, era poco común.

—Jim, tengo que saberlo: ¿ganaste la lotería o algo? —preguntó, secándose las manos en un trapo mientras salía de la cocina—. Porque no has dejado de sonreír desde que te sentaste y ni siquiera has empezado con mis mundialmente famosos panqués.

No importa cuántas veces hayamos visitado Flick's, aún me causaba timidez hablar con el mismísimo señor Flickinger. Él tenía una actitud alegre e infantil que me intimidaba más que la rigidez de la mayoría de los adultos. Trabajaba duro, pero parecía estar tan feliz y divertido como un gatito que descubre por primera vez una madeja. Siempre se mostraba genuinamente feliz de vernos. Me preocupaba que si yo no lograba igualar su entusiasmo al principio de la mañana, él pensaría que yo era sosa y aburrida. Los adultos alegres tienen algo que siempre me ha parecido inspirador y agotador a la vez.

—Bueno, señor Flickinger… —empecé.

—Dime Flick, ya sabes —pidió con un guiño.

—Bueno, Flick —dije—, lo hicimos. Leímos durante cien noches.

Justo después de que mis palabras salieran de mi boca, me di cuenta de que él no tenía idea de lo que hablaba. En las últimas quince noches, más o menos, mi papá y yo nos esforzamos tanto, nos concentramos tanto en la meta, que se me había olvidado que no todos intentaban mantener una promesa. En mi mente, cada familia estaba intentando batir un record. Tal vez habían puesto la barra más abajo, porque cien noches parecía algo impresionante una vez que todo había terminado, pero ¿no todos los niños gateaban en la cama después de un baño caliente y se acurrucaban para escuchar un capítulo o dos de *Ramona la chinche* o *James y el melocotón gigante*? Hasta pensé, después de reconsiderarlo, que Flick simplemente no lo sabía porque no tenía hijos. Entonces tuve que recordarme a mí misma, de la mejor manera posible, que nada de eso era normal y que tal vez necesitaba alguna explicación. Allí fue cuando mi papá salió al quite.

—Bueno, Flick, hace tiempo pusimos una meta de leer cien noches seguidas, sin que faltara una sola. La última fue la joya de la corona, la noche número cien, así que venimos a celebrar con estilo comiendo algo de tu bazofia grasienta.

Para mi papá, toda la comida es «bazofia» o «bazofia grasienta», y la implicación de que Flick's fuera un lugar con estilo para festejos no dejaba de tener una pizca de sarcasmo, intencional o no. Flick se rio y se sonrojó un poco, tal vez tratando de decidir si estaba medianamente ofendido o completamente honrado. Al saber cómo reacciona la mayoría ante mi padre, me di cuenta que tal vez fue una combinación de las dos que Flick no sabía que pudiera sentir hasta ese preciso instante.

—¡Bueno, así que esto es una pequeña fiesta! —exclamó, después de que su cara recuperó el color natural.

Habría regresado a la parrilla un momento después, pero nada lo atrapaba y maravillaba más que una buena historia. Se paró junto a la mesa y empezó a hacer preguntas.

¿Había sido difícil? No, no en especial. Ya teníamos el hábito de leer casi todas las noches, como siempre habíamos hecho, de modo que no hubo que hacer muchos ajustes. En realidad, decidimos, si no se hubiera tratado de mantener una promesa, solo habríamos dejado de leer seis o siete de esas noches. Tal vez menos.

¿Se saltaron algunas noches? Bueno, se nos cruzó por la mente leer todas las noches, así que nunca se nos habría olvidado. Pero había ocasiones en que otros factores nos habrían persuadido de tomar un descanso, ir a la cama y dejar nuestro libro sin tocar por una noche. Cuando yo estaba enferma, por ejemplo, y con miedo de acercarme a mi papá y contagiarle la gripa, tal vez me habría mantenido lejos. O cuando salimos a un par de viajes cortos y estábamos afuera hasta muy tarde para una niña de nueve años, o cuando regresábamos a las diez o las once de un espectáculo o un juego de beisbol, creo que ambos habríamos preferido meternos en la cama y jalar las cobijas hasta nuestras narices. Nunca lo hicimos, por supuesto, porque teníamos una meta, pero la tentación estaba allí.

¿Terminábamos todos los libros? Bueno, todos los que llevábamos hasta entonces sí.

¿No se volvía aburrida la rutina después de un tiempo? Esta parecía una pregunta tonta, y aún más tonta viniendo de un hombre que nos cocinaba metódicamente los mismos alimentos cada vez que cruzábamos su puerta. Ya éramos buenos con las rutinas, pero La Promesa no tenía nada de eso. Todas las noches eran diferentes porque ninguna historia se parecía a otra. Aunque un libro empezara a ser aburrido, como pasó con algunos en la segunda mitad, aún estaba la emoción de acercarnos a nuestra meta para que las cosas se pusieran un poco más interesantes. Pero como mi papá le dijo, y como cualquier persona que lee regularmente diría, lo único que tenía que ser igual de una noche a la otra es el acto de dar vuelta a las páginas. Todo lo demás cambiaba en cuanto escogíamos un nuevo libro y nos hundíamos en un nuevo paisaje, con caras que no nos eran familiares. La Promesa era rutina, pero era lo más alejado de la rutina que un padre y una hija podrían hacer juntos.

Y por último, Flick preguntó: ¿qué harán a continuación? Los dos lo miramos como si esperáramos que siguiera hablando, como si él supiera la respuesta a su propia pregunta y solo lo preguntara de manera hipotética. Le sonreímos sin decir nada, porque aún no habíamos hablado de ello. Más que nada, habíamos planeado la celebración, pero no habíamos finalizado siquiera ese plan hasta la noche anterior. Sabíamos que seguiríamos leyendo porque era lo que siempre hacíamos. Pero, ¿qué vendría a continuación? Nos encogimos de hombros y fruncimos el ceño. Ambos fingimos que en realidad no habíamos pensado en eso, porque teníamos que hablarlo antes de anunciar nuestro plan oficial. Mi papá tiene un lado competitivo que lo llevaba a desafiarse a sí mismo aun en privado, de modo que para él habría sido imposible retroceder ante una nueva meta una vez que se la hubiera mencionado a alguien. Cuando el señor Flickinger se alejó y regresó a sus platos, empezamos a platicarlo.

—Necesitamos definir nuestro plan de juego, Lovie.

Yo abrí cinco paquetes de mantequilla lo más rápido que pude mientras lo pensaba. A mi papá siempre le temblaban las manos, y tenía dificultades para hacer tareas que necesitaban precisión, como separar la cubierta dorada del paquete de plástico de la mantequilla que dan en los restaurantes. Le gustaba echar cinco a sus panqués y prefería untar la mantequilla mientras aún estaban calientes, para que se fundiera al parejo. Formábamos una pequeña línea de ensamblaje: yo le pasaba una, él la usaba mientras yo abría la siguiente y la preparaba para pasarla. No hubo comentarios.

—¿Sabes? —dije, cuando sus panqués quedaron cubiertos con mantequilla y me sentí libre para disfrutar mi propia comida—. Lo he pensado mucho. De verdad, lo he pensado a fondo. Y después de eso, he decidido que lo único lógico para nosotros es ir por las mil noches.

Fingí ver sobre mis lentes y luego escribir una receta. Esperaba que él se riera, pero sus ojos se abrieron mucho y luego todavía más. Dejó de masticar.

—¡Mil noches! ¿Qué hay de doscientas o quinientas? ¿De dónde sacaste que debíamos multiplicarlo automáticamente por diez? Si tenemos que hacer esto una vez más, subiremos a diez mil noches, y tendré que leerte en el asilo de ancianos, gritándote en tu aparato para la sordera.

—Nunca dije nada sobre diez mil noches. Dije mil noches. Sí, eso es diez veces más de lo que ha durado La Promesa hasta ahora, pero ¿en realidad fue tan difícil? Me refiero hasta este punto, hasta donde estamos, ¿en realidad fue tan difícil? Yo siento que no. Bueno, al menos no para mí.

Las palabras me salieron todas embarulladas porque la idea se me acababa de ocurrir hacía un minuto o dos. No puedo recordar lo que originalmente iba a sugerir, pero no eran mil noches. Sin embargo, una vez que lo dije, sonó bien. Mil noches. La promesa de leer durante mil noches: aún era una menos que las noches árabes. E igual de impresionante.

—Bueno —dijo mirando sus panqués como si fueran ellos los que estaban desafiándolo y no yo—, pueden suceder muchas cosas en mil noches. Sabes que se trata de años. Ahora apenas tienes nueve. ¿Cuántos tendrás entonces?¿Quién sabe cómo serán nuestras vidas?

Una vez más, se quedó viendo sus panqués en lugar de mirarme. Yo los vi para saber si decían algo. Tal vez el jarabe había deletreado algún mensaje del futuro que guiaría a mi padre para que tomara la decisión. Si fue así, el jarabe estaba de mi parte, porque él asintió.

—Pero supongo que no nos hará daño intentarlo —afirmó finalmente—. Qué demonios. Mil noches.

Yo aplaudí encantada y ondeé mis brazos por arriba de mi cabeza. Aquello se sentía como si hubiera planeado el momento por mucho tiempo, aunque la idea apenas se me había ocurrido. Tal vez había estado creciendo en alguna parte de mi mente durante meses. No podía parecer más lógico.

Nuestra mesera debió de interpretar mis aplausos y mis gestos como una llamada al señor Flickinger, porque cuando ella salió de la cocina él la siguió de regreso a nuestra mesa.

—¿Cómo está la comida? ¿A la altura de la ocasión?

Lancé a mi papá una mirada rápida y ansiosa y él se rio.

—Flick, creo que mi hija quiere que comparta contigo una gran noticia. Tu restaurante se ha convertido en el patrocinador oficial de La Promesa, supongo, porque hemos establecido una nueva meta antes de terminar siquiera nuestra bazofia. Mil noches. Esa fue idea de ella, por cierto.

Me señaló con su nudillo mientras lamía jarabe de su dedo índice. Le sonreí a Flick, pero él parecía más confundido que impresionado.

—Bueno, ¿no es agradable? —dijo con su entusiasmo habitual, pero nada más.

Hizo unas cuantas preguntas acerca de la comida, revisó nuestras bebidas y regresó a la cocina. Estaba sonriendo, pero no se mostró como el gran destinatario de nuestras fabulosas noticias, como me habría gustado.

Esa fue la primera vez que me di cuenta de que nadie, ni una sola persona, comprendía lo que estábamos intentando, lo que estábamos haciendo.

CAPÍTULO CUATRO
DÍA 185

Lo que es detestable en el cerdo
lo es todavía más en un muchacho.

CHARLES DICKENS, *Grandes esperanzas*

—¿Todos los miembros están aquí? —preguntó mi padre.

Me señalé a mí misma, luego a él y asentí.

—Bueno, entonces supongo que podemos iniciar esta reunión.

Me acuclillé en el espacio cercano a la ventana. Mi blusa se atoró en un clavo, pero mi papá se dio cuenta rápidamente y me zafó. Apartado del resto del museo, en un rincón donde nadie lo notó siquiera, nuestro club se puso en marcha.

—Tenemos que cantar nuestro tema o no será una junta oficial —dije.

Me aclaré la garganta como si me estuviera preparando para cantar ópera, frotando mi cuello y luego desplazándolo en un movimiento lento y circular que aprendí de mi maestro de música en la escuela. La canción era breve, pero era la parte más importante de la reunión. Tenía que hacerse bien, sin descuido ni tonterías.

—¡*Somos el Club de Odio a los Niiiños de los Estados Uniiidos-dos!* —cantamos al unísono.

—Creo que necesita un poco más de volumen —afirmé, porque observé que algunas personas pasaron caminando en la sala de al lado sin siquiera voltear a mirarnos. Uno de los principales objetivos de la canción de un club es que debe llamar la atención. Se trata por completo de anunciar al mundo que estás aquí, lista para empezar tu reunión, les guste o no; además, si había niños, esperaba que no les gustara en absoluto.

—Ahora estás cayendo en el exhibicionismo —señaló mi padre, observando también a la familia que estaba cerca. Pero después de que pasaron a otra sala, revisó si alguien más venía y luego me dio la señal para empezar.

—*¡Somos el Club de Odio a los Niños de los Estados Unidos!* —dije, esta vez más como un cántico.

Él se quitó los zapatos y los puso en sus manos como guantes, golpeando con ellos para marcar un ritmo que de ninguna manera se relacionaba con lo que yo estaba cantando, pero aun así parecía concordar. Cuando yo había terminado de entonar o cantar la melodía, quizás por décima vez y ya agotada, él mantuvo los zapatos en sus manos, golpeando alegremente al ritmo de cualquier canción que tuviera en su cabeza. Esperé en silencio a que terminara, pero él siguió y empezó a mover la cabeza de un lado a otro, cerrando los ojos y tarareando. Cuando me di cuenta de que estaba cantando una canción de Hank Williams, llamé su atención para que se volviera a concentrar en la reunión. El lugar a veces causaba distracción, pero no la suficiente como para disculpar semejante comportamiento.

El Club de Odio a los Niños de los Estados Unidos (CONEU) no requería el mismo compromiso que La Promesa. Estábamos cerca ya de las doscientas noches de lectura y nos encontrábamos devorando los libros de Ramona Quimby, leyéndolos sin un orden secuencial pero sin que nos parecieran menos entretenidos por ello. Yo veía algo de Ramona en mi ser pecoso y delgado. Como miembro del Club de Odio a los Niños de los Estados Unidos, me gustaba reír especialmente cuando ella perseguía a Davy por el patio de juegos en *Ramona la chinche*. Yo no me consideraba una chinche, pero sí aterrorizaba a los niños cuando se prestaba el momento, que era algo que pasaba a menudo, porque era una integrante auténtica y leal del CONUE.

Nos reuníamos esporádicamente, cada vez que estábamos cerca de la casa del club, que era con más frecuencia de lo que podrías pensar, porque estaba a una hora de distancia. Nuestra sede estaba en la Academia de Ciencias Naturales de Filadelfia, en el segundo piso, detrás de una exhibición de dinosaurios. Un conjunto de escalones alfombrados llevaba hasta una ventana enorme con vistas espectaculares que la hacían el lugar ideal para nuestras reuniones. Había dos puntos en nuestra agenda, y ya habíamos desahogado el primero: cantar la canción. Mi papá la escribió y la tonada no era muy específica; más bien se parecía mucho a la apertura de un programa de noticias local. Como era tan corta, a menudo la cantábamos varias veces, como ese día, aunque la calidad de nuestra actuación caía con cada repetición. Una vez que acabábamos, era el momento de pasar a la segunda mitad de la orden del día de nuestro club.

—¡Mira a ese! Caray, de inmediato puedes saber cuál es su problema: tiene una recámara revuelta. Inmunda. Con ropa sucia amontonada por todos lados, comida debajo de la cama, revistas en cada rincón. Una desgracia.

Yo no había estado en la recámara de ningún niño, pero habíamos leído sobre ellas.

—Tú no tienes derecho a hablar de eso, Lovie. ¿Has visto tu recámara en los dos últimos años?

—¿Es el Club de Odio a las Hijas o de Odio a los Niños? Porque yo todavía no soy un niño.

—No, todavía no. Bueno, mira a ese que camina como pato. Su problema es obvio, basta con mirarlo bien para saberlo. Siempre come con la boca abierta.

Fijé la vista en el niño, que en ese momento estaba justo debajo de nosotros. En realidad tenía una boca horrible, enorme y salida. No me habría sorprendido que ni siquiera tuviera control completo de ella; seguro era difícil.

No todos podían decir estas cosas acerca de los niños a primera vista, sobre todo desde doce metros de distancia o más. Para muchos, se necesitaba práctica y alguna habilidad importante. Y resultaba que teníamos ambas. Llevábamos años viniendo a nuestro escondite, desde que yo usaba pañal, aun antes de La Promesa. Era agradable tener algo secreto que hacer en medio de un gran museo público. Me hacía sentir como Claudia Kincaid, oculta en el Museo Metropolitano de Arte, en *From the Mixed-Up Files of Mrs. Basil E. Frankweiler*. Me esforzaba para levantarme de mi lugar, miraba por la ventana y buscaba niños que estuvieran rogando nuestra desaprobación. Al principio, me resultaba difícil. En preescolar mis mejores amigos eran niños, porque compartían mi interés en ensuciar lo más posible nuestras ropas antes de terminar el día. Pero a medida que crecí y los niños se volvieron más extraños, cada vez resultaba menos desafiante pensar en cosas que decir sobre ellos. En tercer grado ya los veía como lo que eran: criaturas raras, extrañas, por lo general con mal aliento y jerseys de futbol americano que les quedaban grandes. Pensaba que se lo merecían. Así que nos sentábamos en nuestra casa club y nos burlábamos de ellos sin misericordia, porque probablemente eran niños que se sentaban en casas club de todo el mundo haciéndole lo mismo a las niñas y a los demás. Tal vez no lo mismo, pero algo parecido. Sin embargo, tenía que preguntarle a mi padre algo acerca de nuestras reuniones, algo que era sospechoso.

—Papá, lo he estado pensando: ¿no eres una especie de traidor por ser el vicepresidente del Club de Odio a los Niños de los Estados Unidos? He visto tus fotos de la primaria y eras definitivamente un niño. Tenías el corte de pelo y todo lo demás. Y en algunas de las fotos te reías como niño.

—No voy a tratar de negarlo. Fui niño. Allí estaba, justo con los peores del grupo, pestilente y ruidoso. No teníamos agua corriente de modo que siempre apestaba. Acepto que así era. No lo notaba en particular porque todos los niños apestan a esa edad. Me mezclaba con ellos sin problemas, tengo que admitirlo.

—Sí, suena como si hubieras sido un niño definitivamente. He conocido niños así, apestosos.

—Bueno, cuando era niño no parecía tan malo. Yo era lo bastante limpio y cortés como para pasar por una niña. Mi maestra del jardín de niños pensaba que me llamaba Jane, no James. Ella nunca se dio cuenta.

44

—¿Cómo no se dio cuenta? ¿Todo el tiempo pensó que eras una niña? ¿No dijiste nada? ¿La abuela no dijo nada? No te creo. Me imagino que bromeaba.

—No, no, no. Estoy tan seguro de ello como de que hay una tina detrás de la cortina —afirmó, citando ligeramente mal el libro *¡Hay un molillo en mi bolsillo!* del Dr. Seuss para reafirmar lo que había dicho—. Estoy seguro de que ella creía que era una niña y me llamaba Jane. Si estuviera viva todavía y me la encontrara en la calle, pienso que aún me llamaría así.

Miré el metro noventa de mi papá, su cuerpo musculoso cubierto con una camisa abotonada hasta arriba y pantalones largos. No creo que nadie pudiera toparse con él y llamarlo con un nombre de mujer sin reírse.

—¿Por qué nunca la corregiste siquiera, si sabías que tenía tu nombre y también tu género equivocados?

—Bueno, Lovie, ¿no crees que Jane es un nombre mucho mejor que James? ¿De verdad?

—¡No! Creo que ninguno es mejor, están parejos, pero pienso que de todos modos querría que la gente me llamara por mi nombre.

—Bueno, tal vez algún día cambiarás de opinión. Yo cambiaría mi nombre por Jane.

—Entonces hazlo. ¿Qué te detiene? Eres un adulto y tienes una casa y un trabajo.

Presenté esto como evidencia de que podía hacer lo que quisiera sin repercusiones.

—Ese es el problema. Los papeles de la casa están bajo el nombre de James. Es demasiado tarde.

Lo miré con lástima. Pero aquello tenía sentido. Había visto a mi padre firmar con su nombre en cientos de cosas, en ocasiones media docena al día si estaba pagando cuentas. Qué desafortunado era que la gente creciera usando nombres que, desde el principio, no les gustaban, y todo porque nunca pensaron en cambiarlos. Él debió aprovechar la oportunidad de adoptar el nombre de Jane cuando pudo hacerlo. Yo pensé en llamarlo así desde entonces, pero no tenía mucho sentido porque nunca lo llamaba James, para empezar.

—No te preocupes —le dije para tranquilizarlo—. Lo hablé con el resto del club y estamos de acuerdo en tener a alguien que se llamaba Jane. Aún eres un miembro con pleno derecho del CONEU. Decidimos ignorar tu infancia como niño. Aunque los registros indiquen que admites haber sido apestoso, trataremos de pasarlo por alto.

—Gracias. Por favor di a los miembros del club que les estoy eternamente agradecido por su tolerancia.

Miré por la ventana durante un momento. Luego él se volvió hacia mí.

—Si alguna vez decides que no odias a los niños, ¿dejaremos de tener nuestras reuniones del club? —preguntó sinceramente.

—Bueno, en realidad no los odio —admití—. Solo en espíritu. Así que no, no lo creo. ¿Qué te hace pensar eso?

—Puede ser que algún día quieras tener a un niño en la temida llave del beso.

Aquel era un movimiento de lucha que mi papá describía a menudo, en el que una persona sujetaba a otra y la forzaba a tener contacto de boca a cara, por lo general de labios a mejilla, pero en ocasiones, en el peor de los escenarios, ocurría accidentalmente el contacto de labio a labio. Esto, me informó, era venenoso y debía evitarse a toda costa. Un accidente de tales proporciones podría ser casi fatal si no se trataba apropiadamente. En ocasiones ocurría en los libros que leíamos y nadie moría, pero él tenía cuidado de recordarme que eran obras de ficción escritas para niños. Dejaban a un lado el inminente factor de condenación porque era aterrador.

—Sé que no debo hacerlo. Soy demasiado joven para arriesgar mi vida sin una buena razón —dije.

—No hay una buena razón, estás en lo cierto. Es un riesgo innecesario. Cuando lo ves en las películas, tienen médicos esperando a un lado. Se trata de profesionales muy entrenados.

—¿Las demás niñas lo saben? Porque, al parecer, nadie me cree en la escuela cuando lo menciono. Nadie ha oído hablar siquiera de la temible llave del beso. Bueno, de besos sí, pero creo que es diferente.

—No, nadie lo sabe, y tampoco puedes ir por ahí mencionándolo. Estos son secretos del club, por el amor de Dios. Necesitas protegerlos con tu vida; cualquier miembro de un club secreto los conoce.

—Lo siento, no lo sabía —señalé—. Pensaba que era información pública. Lo comprendo.

Me llevé la mano al corazón como si fuera una señal del club, aunque no lo era. No teníamos ninguna, ni un apretón de manos y ni siquiera un golpe en lo alto con las manos extendidas. Todo lo que el club hacía era cantar nuestra canción y burlarse de los niños mientras pasaban caminando. Nuestras reuniones solían durar entre dos y cuatro minutos. Aquella fue más bien larga, porque nos desviamos. Ni siquiera habíamos hecho nuestra labor. Por eso yo era presidente y él, vicepresidente: yo sabía cómo dirigir las cosas sin conflictos, y lo hice.

—Mira —dije señalando por la ventana de nuevo, de una manera muy seria para atraer la atención a la tarea que estábamos realizando—. Él pega sus chicles debajo de los escritorios en la escuela. Es desagradable. Nunca lo atrapan.

Justo mientras decía esto, el niño metió la mano en su bolsillo y sacó un paquete de chicles. Metió una pieza en su boca y lanzó descuidadamente la envoltura en el piso, detrás de él. ¡Predecible!

—En realidad puedes saber lo que harán todos esos niños —dijo mi padre, mientras me ayudaba a incorporarme. Un grupo de escolares se estaba acercando a la sala y no podíamos arriesgarnos a comprometer nuestra ubicación.

—Siempre tienes forma de saberlo —dije.

Mientras el grupo entraba, un niño en la fila me sonrió. Yo le lancé una mirada larga y dura. Luego le regresé la sonrisa para evitar que se conociera mi verdadera identidad.

CAPÍTULO CINCO
DÍA 211

Los recuerdos son para siempre.

LOIS LOWRY, *El dador de recuerdos*

A Franklin le puse ese nombre por mi puente favorito en Filadelfia. Solo hay dos puentes, pero yo siempre tenía algo favorito de todo. Era un pez beta, de colores brillantes y aspecto exótico. Alguien me dijo alguna vez que los betas son tan combativos que atacan su reflejo en un espejo si lo ven. Franklin nunca lo habría hecho. Era un pez amable, adorable.

Cuando le leía, algo que hacía a menudo, se acercaba al vidrio para escuchar. Nadaba en un lugar, mirándome con sus ojos bien abiertos, y permanecía allí hasta que dejaba el libro a un lado y me alejaba. Le gustaban sobre todo las historias de aventuras, lo que me hacía sentir culpable porque vivía en una pecera con forma de globo. Pero tenía una estupenda vista de nuestro patio trasero y pasaba la mayor parte del día mirando a los pájaros y los árboles. Eso hacía que su pecera aparentara ser más grande de lo que era, como si viviera en una casa hecha de ventanas.

Un día mientras me preparaba para ir a la escuela, escuché que Kath y mi mamá murmuraban escaleras abajo. Mi padre y mi madre peleaban mucho últimamente, y ella me había dicho unas noches antes, en una conversación en susurros, que planeaba irse de casa pronto. ¿Le estaba diciendo eso a Kath, o la conversación tenía algo que ver con mi próximo cumpleaños? Salí al corredor y escuché, pero lo que oí fue:

—¿Debo esperar hasta que ella llegue a casa para decirle?

—No, ella lo saluda todas las mañanas. Se dará cuenta.

—Bueno, ¿qué debo decirle?

—No lo sé, tú eres la mamá. Date una idea.

Bajé corriendo las escaleras y entré en la cocina. La pecera de Franklin estaba en la alacena; aparentemente la habían llevado allí desde la sala para que tuviera una mejor iluminación. Cuando me vieron entrar, saltaron rápidamente frente a mí, pero yo ya lo había visto: la pecera estaba vacía.

—Se murió Franklin —afirmé en lugar de preguntar, mientras lloraba.

Mi madre miró a mi hermana, contuvo el aliento y asintió.

—Huevo —dijo mi hermana, usando el apodo que me había puesto—, sabías que este día iba a llegar. Ya había superado su expectativa de vida. Era muy viejo para ser un pez.

—Pero era un pez feliz —le recordé.

—Sí —afirmó mi madre—. El pez más feliz del mundo. Ustedes dos lo extrañarán mucho, estoy segura. Es duro. ¿Debo pedirle a su papá que se encargue de él antes de que regreses de la escuela?

De inmediato negué con la cabeza. No era ni siquiera una opción. Franklin era mi pez, no de mi padre. Sus últimos momentos debía pasarlos conmigo y tenían que ser especiales.

—Necesita un funeral —dije—. ¿Vendrán todos? ¿Hoy después de la escuela?

—Por supuesto que iremos —dijo mi madre, un poco inquieta—. Pero ¿no crees que te pondrás un poco más triste? Los funerales pueden ser difíciles, hasta para los adultos. ¿Eso es lo que quieres de veras?

—Sí. Lo planearé hoy en la escuela. Será un perfecto adiós para un buen amigo.

—Creo que en la escuela debes poner atención a tus clases—señaló mi hermana.

—Voy en tercer año —le recordé, esperando que eso me disculpara por no tomar muy en serio las clases.

—Tal vez solo durante el recreo y el descanso —sugirió mi madre para ayudarme.

Cuando regresé a casa, saqué una carpeta con bosquejos y notas. No había tenido tiempo suficiente para organizar mis ideas durante el recreo y el descanso, así que también aproveché las clases de Matemáticas, Ciencias y Estudios Sociales. En un día tan triste no iba a poner mucha atención, de cualquier modo. Había hecho una serie de dibujos secuenciales y pasé las hojas rápido para que parecieran moverse. No se creó nada parecido a una película animada, pero sentí que era una vista previa bastante buena. Empecé los preparativos para el acontecimiento.

Nunca había estado en un funeral, así que fui al cuarto de mi papá para hojear los libros que habíamos leído juntos. Había empezado a descubrir que los libros podían ser excelentes puntos de referencia, aunque fueran ficción. Algunos de ellos tenían una manera de contar las cosas que hacía que parecieran reales, sin importar si lo eran o no. En verdad podían ser útiles. No recordaba un funeral en ninguno de ellos, pero tal vez lo había pasado por alto. Para mi sorpresa, ninguno de los que habíamos leído hasta entonces hablaba siquiera de la muerte. ¿Estaba tratando de protegerme? Recorrí los libros que habíamos leído y que mencionaban mascotas, pero *It's Like This, Cat* no fue de mucha ayuda. El libro que trataba sobre una niña que vivía en una funeraria y que se convertiría en uno de mis favoritos de La Promesa, *Each Little Bird That Sings*, habría sido de gran ayuda, pero lo leeríamos años después. La Promesa tenía poco de haber empezado y no había mucho material para trabajar. Decidí que no sabía mucho de funerales, pero seguro sabía mucho de fiestas. ¿Eran parecidos? Creí que mucho.

Para empezar, hice invitaciones. Mi ortografía aun tenía que estar a la altura de mi vocabulario, pero no lo sabía. Para mí, las letras eran perfectas. Decían:

«FRANKLIN EL PES SE MURIO MIENTRAS DORMIA LA NOCHE DE ALLER. FUE UN PES QUERIDO Y TODOS LO VAMOS A ESTRAÑAR, SOBRETODO NUESTRA FAMILIA. POR FAVOR

NO FALTEN A SU FUNERAL OY EN LA NOCHE EN UNA ORA. BENGAN DE NEGRO, POR FAVOR»

Las entregué a la familia con aspecto sombrío. Mi padre leyó la suya.

—Lovie, en una hora espero estar dormido. Tú sabes que necesito una siesta después de comer. ¿No podría presentar mis respetos ahora? —preguntó.

—No. Lo siento, pero eso no funcionará porque eres el orador principal en el funeral. Tienes que venir y decir algunas cosas agradables antes de que lo enterremos, para ayudar a que todos lo recuerden —dije.

—Bueno, ese es un trabajo importante. ¿Quieres que yo diga el elogio fúnebre, entonces?

—No, solo algunas cosas acerca de lo estupendo que fue y lo mucho que todos lo extrañaremos.

—Muy bien. Trataré de ordenar mis ideas. Será un privilegio y un honor —respondió.

Una hora después todos nos reunimos en la cocina, y me sentí contrariada al ver que mi papá y yo éramos los únicos vestidos apropiadamente. Mi madre llevaba pantalones negros con una blusa de color azul oscuro, porque no tenía blusas ni playeras negras. Hice que subiera y se pusiera lápiz labial para que su vestimenta fuera un poco más formal. Aunque tenía una bonita falda negra, la única playera negra que mi hermana encontró tenía el nombre de una banda musical impreso al frente. Le sugerí que se la pusiera al revés. La etiqueta se atoró y le rasguñó el cuello. Le dije que todos debemos sentir algún dolor cuando perdemos a un ser querido.

Se sirvió un entremés en una bandeja de plata que yo había preparado con papel aluminio. Sabía que debía haber comida, pero no tenía ni idea de qué tipo debía ser, así que serví el bocadillo que solía preparar cuando me tenía que valer por mí misma: pan de trigo horneado en el microondas con queso de hebra arriba, cortado en cuadritos y servido con una guarnición de pasas blancas. Los aperitivos no desaparecieron con la rapidez que había planeado y, después de unos minutos de estar pasándolos, mi padre sugirió que dejara el resto para nuestros pájaros, como un gesto sincero de sacrificio. Parecía correcto dejar de comer con abnegación en honor de la ocasión.

Marchamos hasta el lugar que yo había seleccionado en el patio trasero porque caminar no me pareció lo bastante formal. La ubicación era perfecta: debajo de un gran árbol, cerca de un arbusto que en ocasiones producía flores, en la parte más alta del pasto. Todas las hojas se caían y luego volvían a brotar, así que el pequeño pedazo de tierra recibía los rayos del sol en el invierno y tenía sombra en el verano. Entonces hacía un poco de frío, pero el día era brillante y tal vez demasiado alegre. Quería recordarle al mundo que estábamos allí para un funeral, no para una fiesta de cumpleaños. ¿Acaso el padre de la Madre Naturaleza le había estado ocultando también a ella los libros que hablaban de la muerte? Se supone que el cielo debía estar oscuro y tal vez un poco lluvioso; hasta yo lo sabía. Dije que debíamos llevar paraguas y así lo hicimos, pero no nos protegieron de nada, aparte de la ocasional e indignante brisa de marzo.

Primero, guardamos un momento de silencio. Iba muy bien hasta que alguien empezó a martillar a unos metros de distancia, lo que molestó a un niño del vecindario que se echó a llorar, a lo que le siguió rápidamente el ladrido de casi todos los perros de la zona. En lugar de luchar contra ello, sugerí que embelleciéramos el ruido cantando una canción en honor a Franklin.

Inicialmente había planeado que cantáramos «Both Sides Now» de Joni Mitchell, porque me encantaba la letra y porque mi papá había ordenado, hacía poco, una versión como libro ilustrado, pero me informó, para mi consternación, que sus estudiantes no le habían puesto mucho entusiasmo. Yo tenía más conocimiento. Rápidamente nos dimos cuenta de lo confusamente repetitivos que eran los versos. Cuanto más nos confundíamos, más nos reíamos. Bueno, ellos se reían y yo trataba de mantener la compostura. Una vez que quedó claro que nadie podría ponerle un fin, recurrí a mi segunda canción elegida, «O Holy Night», que escogí porque era emocional y sonora. Esta vez la familia se sabía casi toda la letra, aunque la Navidad había pasado hacía varios meses. Cuando ellos titubearon, yo canté aún más fuerte hasta que los perros empezaron a ladrar de nuevo. Al final de la canción, aplaudí. Más tarde supe que nadie aplaude en los funerales, o por lo menos en los que he estado, ni siquiera después de las canciones hermosas.

Porque así lo pedí para su entierro, metimos a Franklin en un empaque de alimento para peces, pues esa comida era lo que más le gustaba en el mundo. Mi padre colocó el empaque en el pequeño agujero que le pedí que cavara. Puso hacia arriba la parte que tenía impresos los ingredientes, pero eso me pareció de mal gusto. Hice que lo volteara, para mostrar la fotografía de un pez de color anaranjado brillante que comía pequeñas bolitas. Pregunté si alguien tenía algún comentario que hacer antes de que papá empezara con el elogio fúnebre. Mi hermana empezó.

—Es una pena que las bolitas de comida se parezcan tanto a los excrementos del pez. Eso debe de confundirlos. Espero que el pez no los haya mezclado.

Mi madre la mató con la mirada, y mi hermana miró el agujero por un minuto e hizo un nuevo intento.

—Pero Franklin nunca habría cometido ese error, porque era un pez muy inteligente.

Yo asentí con aprobación y me di vuelta hacia mi madre, que negó con la cabeza como si sintiera una gran pena.

—Es difícil. Bueno, todos amábamos mucho a Franklin. Le gustaba nadar en círculos y observar las cosas. En ocasiones, cuando olvidábamos atender su pecera, la sala olía realmente mal.

Ella empezó a toser y fui a darle unas palmadas en la espalda, hasta que me di cuenta de que se estaba riendo. Me di vuelta y vi que mi hermana y mi padre también se reían, tapándose con sus manos. Levanté los brazos para pedir silencio.

—¡Basta de esta falta de respeto! Es hora de que papá diga algunas palabras amables que nos ayuden a recordar a Franklin. Papi, ¿tienes preparadas algunas notas que te gustaría compartir en esta ocasión?

Mi papá sacó una tarjeta de su bolsillo. Aunque trató de sostenerla de manera que yo no viera lo que había en ella, alcancé a ver que contenía nombres de estudiantes de sus clases, algunos con palomitas junto a ellos. Supuse que esa lista, de alguna manera, lo inspiraría a recordar a Franklin en toda su grandeza. Miró la tarjeta y empezó.

—Franklin fue un buen pez.

—Amén —dijo mi madre, asintiendo con entusiasmo.

—Amén —dije—. Espera, ¿eso es todo?

—No, lo que pasa es que estoy de acuerdo. Podemos decir amén para que Franklin sepa que todos estamos de acuerdo.

—Amén —repetí.

Llevé mis manos al corazón como si estuviera saludando a la bandera en la escuela.

—Franklin fue un buen pez —continuó mi papá—, y también hermoso. Tenía aletas de color anaranjado brillante y un sentido del humor muy particular. Cada vez que yo decía un chiste, Franklin no se reía. Y no era que mis chistes no resultaran graciosos. Estaba esperando un buen chiste. Ahora ya no lo esperará más.

—Amén —dijimos todos.

—El programa favorito de Franklin era *La tribu Brady*, porque extrañaba ser parte de su gran familia en la tienda de mascotas. Pero amaba a su nueva familia, incluso a los gatos. Cuando estos se quedaban mirándolo a través del vidrio, él les enviaba buenos deseos. Una vez deseó que Brian, quien debía ser su enemigo natural como gato, encontrara un delicioso gusano para almorzar. Bueno, eso es exactamente lo que sucedió. Como pueden darse cuenta, tenía un gran corazón.

—Amén —dijimos todos.

—Franklin tenía muchos pasatiempos e intereses. Se sentía particularmente atraído por las escaleras antiguas. A menudo se ponía a pensar en todos los usos prácticos y creativos que podría tener una buena escalera vieja, pero decidió que se conformaría con las piedras azules de la parte inferior de su pecera de globo. Eso eso era algo propio de Franklin: tenía un gusto impecable en arte y diseño de interiores.

—Amén —dijimos todos, aunque estaba empezando a preguntarme cómo había obtenido mi padre esa información. Fuera lo que fuera lo que estaba escrito en esa tarjeta, no estaba refrescando su memoria.

—Pero tal vez será más conocido por su apasionado entusiasmo por las competencias de hockey de mesa. Cuando me expresó por primera vez su interés, en privado, le dije que era una tontería. Le comenté que los peces no jugaban hockey de mesa. El muchacho demostró que estaba equivocado. Apenas acababa de decirle que no podía hacerlo cuando empezó el campeonato local en la liga de peces. Luchó largo y tendido para lograr que el hockey de mesa se incluyera en las Olimpiadas, y los comités están considerando su solicitud en este mismo momento. Logró grandes avances para el deporte y los peces que lo aman.

—Amén—dijeron mi hermana y mi madre, pero estaban sonriendo.

—Hey, espera un minuto. No recuerdo nada de eso.

—Y ¿quién puede olvidar su gran habilidad para hacer trajes a la medida para ocasiones y eventos especiales? Porque parece como si fuera ayer cuando bajé las escaleras y vi…

Levanté la vista para ver que mi madre y mi hermana estaban dobladas de la risa. Las lágrimas les escurrían por la cara, pero no eran de pesar. Se estaban riendo.

—Nada de eso sucedió nunca, ¡y esto es algo serio!—grité.

Se callaron por un momento y detuvieron a mi padre antes de que siguiera con su discurso.

—Tengo un anuncio que hacer. Por el resto de mi vida, renunciaré a los peces y las criaturas marinas de todo tipo. En honor a mi buen amigo Franklin el pez. Gracias a todos por venir. Por favor, váyanse antes de que le falten al respeto a tan hermosa criatura.

Marché de regreso adentro para poner el ejemplo, levantando mucho las piernas y agitando mis brazos.

—¿Cuándo crees que vas a volver a comer pescado? —preguntó mi hermana, mientras marchaba detrás de mí.

—Si estuvieras escuchando en lugar de hacer payasadas, sabrías que no volveré a comer pescado ni criaturas marinas por el resto de mi vida.

—Oh, sí, por el resto de tu vida. Lo olvidé —señaló.

Franklin, si estás oyendo: tengo veintidós años. No he comido pescado ni criaturas marinas de ningún tipo desde el día de tu muerte. Por favor, disculpa la falta de respeto de mi familia.

PD: Nunca supe lo mucho que te gustaba el hockey de mesa.

CAPÍTULO SEIS
DÍA 440

Pero mamá está muy lejos,
y no mira hacia atrás.
Ella está en otro lugar.

PATRICIA MACLACHLAN, *Viaje*

Siempre odié el Día de Acción de Gracias. Con un estómago del tamaño de un alfiletero, nunca me atrajo la idea de una festividad dedicada a comer. Me gustaba, por supuesto, pero también me gustaba detenerme cuando estaba llena. Y no me agradaba el pavo, ni el relleno si estaba dentro del pavo, ni cualquier otra comida que la gente prefiera y que tenga que ver con animales muertos, ni el *gravy* ni la salsa de arándanos. Además, siempre flotábamos de tía en tía mientras que todos nuestros demás conocidos iban a la misma casa todos los años. Hacía poco, habíamos empezado a comer en casa, y aun así no me gustaba la comida. De modo que nunca tuve muchas expectativas para la festividad, y aquella tarde nublada de noviembre no era la excepción.

En realidad, el cielo nublado era lo único digno de un poco de entusiasmo. Hacía tres años, el Día de Acción de Gracias nevó. No parecía completamente imposible que pasara de nuevo, si se mantenía así el clima. Yo tenía el mejor trineo del pueblo, de verdad: una suave tabla de surf que cada año resultaba la cosa más rápida en la colina. También tenía una gran colección de chamarras y bufandas, que se veían especialmente bien con aquellas manchitas blancas. Había elegido la combinación perfecta, una chamarra azul brillante con una bufanda de unicornio, y las había escondido debajo de mi cama. Dejarlas a la vista habría sido de mala suerte. Pero estaba muy segura: aquel día nevaría.

Mi padre estaba afuera rastrillando porque tomarse un día para descansar lo ponía ansioso, y yo cumplía con diligencia mi papel en el proceso. En cuanto él llevaba las hojas al montón frente al jardín, yo saltaba sobre ellas y le hacía saber que era una buena cantidad, pero que sería mejor que hubiera más. Eso le servía como inspiración para seguir rastrillando: se lo decía cada vez que me pedía que me apartara para que él pudiera terminar su trabajo.

Estaba parada sobre el montón cuando me di cuenta de que mi madre llevaba algunas cajas a su automóvil. La miré por un rato sin moverme y observé cómo hacía varios viajes, pero era incapaz de darme una idea de lo que estaba haciendo. Me sentía como Encyclopedia Brown y me encantaba unir las pistas, como él, para tratar de sacar alguna conclusión acerca de aquel misterio. Mi papá decía que a él le gustaban los libros de Encyclopedia Brown tanto como a mí, pero les daban expectativas irreales a los niños; ni siquiera mi padre, un maestro y lector voraz con educación universitaria, había oído nunca algunas de las cosas que el niño maravilla sabía. Yo era consciente de que la resolución de misterios resultaba un desafío, pero a diferencia de Encyclopedia, no tenía un némesis como Bugs Meany respirándome en la nuca. Tenía que cerrar mis ojos y reflexionar profundamente, de la manera en que él lo hacía al final de cada historia, aunque no podía ver lo que mi mamá estaba haciendo. Y recordé que la parte de cerrar los ojos solo venía después de que Encyclopedia tenía mucha información, así que observé.

Al principio supuse que las acciones de mi madre tenían algo que ver con la comida. Aunque nuestra cena era pequeña, ya que mi hermana se encontraba en Alemania como estudiante de intercambio y solo éramos tres, imaginé que tomaría unas horas tenerlo todo listo. Me sentí mal por no ofrecerme a ayudarla. Me gustaban más las hojas que la cocina, pero ella parecía muy atareada, y fuera lo que fuera lo que estuviera haciendo parecía algo agotador. Sin embargo, aún no podía imaginarme qué relación había entre las cajas y la cena. ¿Había pedido prestada una batería de cocina? Tal vez. Ninguno de mis padres cocinaba habitualmente. Pensaba que mi papá podría ofrecerse a cargar las bolsas, pero él se fue al patio trasero y, al parecer, no se dio cuenta de lo que ella hacía. Decidí que Encyclopedia debía reunir más pistas. Por último, entré en la casa.

Lo primero que noté cuando subí a la recámara de mis papás fue que los perfumes y la joyería de mi madre, que por lo general estaban amontonados en una charola sobre el buró, habían desaparecido. Todo lo que quedaba era un arete verde que levanté. Era el tipo de arete que mi madre llevaba a su trabajo como maestra de inglés en la preparatoria. Pensaba que todo lo que llevaba al trabajo olería a su escuela, un olor reconfortante a café y perfume. Llevé el arete a mi nariz pero no tenía ningún olor. Busqué el resto de las joyas, y mi reacción inicial fue creer que las habían robado hasta que observé a mi mamá agachada junto a la cama, metiendo sus libros en cajas.

—¿Qué estás haciendo? —pregunté, observando de pronto lo vacía que había quedado la recámara.

Ella se veía contrariada.

—Me voy de casa. Ya hablamos de esto. Llevamos meses hablando de esto —dijo.

—Sí, pero ¿hoy?

—En este momento.

No supe qué decir. No podía negarlo: sabía que se iba a mudar algún día; ella había abordado el tema antes y hasta me pidió consejo para elegir un departamento. Pero la idea parecía lejana, casi hipotética: ella iba a irse igual que yo iba a manejar un carro, algún día, en algún momento.

—Bueno, ¿en el Día de Acción de Gracias? —pregunté.

En mi mente, recuerdo que se dio vuelta hacia mí.

—A ti ni siquiera te gusta el Día de Acción de Gracias —dijo.

Pero no creo que ella lo supiera. Era algo que empecé a verbalizar después. Parecía poco patriótico y me sentía culpable.

Me pidió que la ayudara a cargar algunas de sus cosas en cajas, y lo hice, porque no sabía qué más hacer. Tenía muchas cosas. Aun después de mudarse, eso es algo que siempre recordé de mi madre: todas las cosas que tenía. Cajas y bolsas y cosas absolutamente por todos lados, tantas que ni siquiera tenía tiempo de desempacarlas todas después de comprarlas. Había muchas más de las que cabían en su carro, pero dijo que volvería por más al otro día. Eso fue un poco reconfortante. Si algunas de sus cosas seguían allí, aún había la posibilidad de que decidiera quedarse. Puse el arete verde que no olía a ella ni a nada en mi bolsa. Ella tenía que regresar por algo, sin importar cuánto lograra empacar en este viaje.

Cargamos las cajas al carro, que me pareció más espacioso de lo que recordaba. Hicimos un viaje tras otro hasta que me di cuenta de que ella no había dicho dónde se quedaría.

—¿Recuerdas el departamento que visitamos a cinco minutos, cerca de la preparatoria?

—¿El que tiene los patos?

—No, el de la alberca.

Debí de recobrar el ánimo con eso, porque ella sonrió un poco.

—En realidad no me estoy yendo. Estaré cerca, y habrá una alberca y tendrás tu propia habitación.

—¿Tengo una cama?

—Por supuesto que todavía no tienes una cama. Yo tampoco tengo una aún. Pero la tendrás.

Aun entonces, por alguna razón, eso me pareció muy difícil de creer. ¿De dónde obtendría dinero para una cama, mucho menos para dos? En mi mente, mi mamá hacía todos los gastos y mi papá obtenía todos los ingresos. No importaba que el trabajo de ella como maestra de escuela católica tuviera un salario muy razonable. Teníamos deudas. No sabía cuántas, pero a juzgar por la frecuencia con que el teléfono sonaba y voces automatizadas, horripilantes e insistentes hablaban en el otro lado de la línea, probablemente debíamos una gran cantidad de dinero. Y nunca supe que mi padre comprara algo, así que hasta donde podía saber, mi madre estaba en problemas y estaría en problemas sin importar adonde fuera.

Mientras yo sellaba con cinta una de las cajas, me di cuenta de que ella no estaba llorando. Mi madre lloraba por todo, desde las tarjetas de Navidad hasta las bromas amigables, así que me sorprendió. No podía apartar mis ojos de los suyos. Eran pequeños, de color café y abultados; tal vez había llorado antes, pero estaban secos. El hecho de notarlo tuvo un impacto más fuerte en mí del que tuvieron sus lágrimas. Estas se habían vuelto recurrentes, pero aquellos nuevos ojos, secos a pesar de que eso representaba un cambio monumental para nosotras dos, era alarmante. Al igual que con las cajas que había cargado al carro, tardé varios minutos en interpretarlos. Pero cuando finalmente llegué a una conclusión supe que se estaba yendo de casa y que eso le hacía feliz.

Aquello tenía sentido. Mi madre y mi padre rara vez se hablaban; con más frecuencia se gritaban, y ningún intercambio de palabras era nunca constructivo. Una discusión sobre encender o no el aire acondicionado podía llevar fácilmente a dos o más horas de intensa batalla, mientras mi mamá lloraba a cada instante y mi papá explicaba metódicamente sus opiniones, hasta que se daba cuenta de que ella no representaba una audiencia cautiva. Como yo misma me consideraba una experta en debates, siempre tomaba partido, pero defendía equitativamente a ambos en días diferentes.

En los días en que yo hice gala de la mayor de las habilidades, había sido capaz incluso de defender las llamadas telefónicas de mi madre con otros hombres. Ella se sentía triste y sola. Los hombres la llamaban cuando mi papá no estaba, lo que me parecía extrañamente cortés, y ella hablaba con ellos susurrando mientras permanecía sentada en los escalones del sótano. No sé si alguna vez se encontró con ellos en persona, pero ella no hacía alarde de eso delante de papá; sus llamadas telefónicas, correos electrónicos y visitas, si se daban, no eran más que una distracción en casi todos los casos.

Mientras luchaba por cerrar la cajuela después de nuestra carga final, pregunté si alguno de esos hombres iba a estar en el departamento.

—Por supuesto que vendrá de visita —afirmó refiriéndose a su novio de entonces—. Pero no vivirá allí.

Eso estaba bien, porque no quería que nadie ocupara mi habitación, hubiera cama o no.

Mientras mi madre se echaba en reversa por el camino de entrada, yo no supe si finalmente ella estaba llorando o cerraba los ojos por el sol, que espiaba con curiosidad detrás de las nubes. Mis esperanzas de que nevara se habían esfumado, y entré para mirar un maratón de caricaturas, aunque las odiaba. Media hora después, entró mi padre.

—¿Sabes que tu madre no salió una sola vez a ofrecerme un vaso de agua? —me dijo desde la puerta. Se quitó los guantes mientras se acercaba al horno y abría la puerta. Al no ver nada dentro, preguntó—: ¿Qué pasó con el pavo?

—¿Eh? —Yo llevaba meses tratando de trenzarme el cabello y por fin había logrado hacerme una trenza delgada y bonita que cruzaba mi frente.

—¿Qué pasa con el pavo? —repitió—. ¿Acaso estas cosas no se llevan horas?

Miró el reloj: casi era hora de la cena.

Su confusión no me alteró.

—Bueno, ¿vas a hacerlo tú? —pregunté sin levantar la vista de mi trenza.

—¿Por qué lo tendría que hacer? Acabo de pasarme seis hora rastrillando y ni siquiera terminé con el patio trasero. ¿Tu mamá no puede hacer nada? ¿Dónde está? ¡Son las cinco de la tarde en la biblioteca! —gritó escaleras arriba.

Como te podrás imaginar, cualquier lugar donde se encontraba mi papá, especialmente nuestra casa llena de libros, era «la biblioteca». Las palabras no me sorprendieron, sino la acción, hasta que me di cuenta.

—¡Oh! —exclamé, sintiéndome de pronto muy culpable sin saber por qué—. Mamá se fue.

—¿Mamá se fue? ¿Adónde se fue? ¿Cuándo va a meter el pavo?

—No, se fue de veras. Se mudó.

Él no pareció oírme, sino que subió las escaleras sin decir nada y entró en su recámara. Lo escuché recorrerla, abriendo el clóset y algún cajón. Los crujidos de la casa eran familiares, y supe, cuando escuché que se detuvo enfrente de la ventana, que estaba buscando el carro de ella. Después de un tiempo volvió a bajar. Yo apagué la televisión.

—¿Todavía tenemos el pavo? —preguntó.

Revisé el refrigerador, luego el congelador y se lo di.

—¿Sabes cómo hacer esta cosa?

Me encogí de hombros. No quería decir que no porque parecía interesante intentarlo. Además, había visto cómo lo preparaban otras personas. Encender el horno, meter el pavo, cortarlo; simple. Pero a mi padre no le parecía así.

—No sabemos qué hacer con esta cosa —señaló.

Negué con la cabeza. Si él pensaba que no, probablemente no lo sabíamos.

Regresó el animal al congelador y sacó la caja junto a él.

—Albóndigas —dijo con un tono plano.

—Albóndigas suecas —lo corregí.

Estaban en la lista de las cosas que odiaba, una lista que quizá era muy larga a mis diez años, pero muy corta en comparación con la lista de las cosas que absolutamente adoraba. Como andar en trineo y llevar bufanda.

—¿Crees que nieve? —pregunté.

—Ninguna estación de radio lo anunció —respondió mientras envolvía las albóndigas en una toalla de papel y oprimía 3:33 en el microondas. Estoy bastante segura de que la caja no decía que hubiera que hacer eso, pero ya la había tirado.

Me serví un poco de leche y me senté a la mesa. Él puso unas cuantas albóndigas sobre un plato de papel y yo las mastiqué lentamente, usando mis manos para comerlas sin ninguna razón en particular. Las bolas cafés estaban un poco frías en el centro. Me di cuenta de que mi papá no decía palabra. Me pregunté si eso significaba que yo debía hablar.

—En realidad no esperaba con ansias el pavo —dije finalmente.

—Ni yo. De todos modos solo me gusta el puré de papas. —Encendió las noticias y comimos en silencio.

CAPÍTULO SIETE
DÍA 529

Mientras más leía,
más maravillosos
y reales eran los dibujos.

C. S. Lewis, *La travesía del Viajero del Alba*

Si tu padre es un bibliotecario de niños excéntrico y apasionado como el mío, o aunque no lo sea, debes de conocer muy bien la alegría de las ferias de libros; aunque tu padre sea bailarín, plomero o diseñador profesional de tazas de té, seguro has experimentado una feria de libros. Solo necesitas tener un niño o ser un niño para recordar la emoción de caminar por la biblioteca, o el gimnasio o la cafetería, y ver esos grandes forros plateados, todos alineados en fila, esperando pacientemente que alguien como tú pase caminando y escoja algo agradable. Y si alguna vez has estado allí un día antes de que empiece la feria, cuando los empaques aún están cerrados, conoces la expectativa y la agonía de mirar esas cajas y preguntarte qué te espera ese año. Si había un niño nuevo en tu clase, alguien que nunca hubiera tenido la felicidad de asistir a una feria de libros, habrá sido un placer y tu deber ponerle al corriente del proceso. Aunque no parezca complicado, tenías que hacer que nadie se quedara fuera de la diversión, o por lo menos así era yo.

De modo que cuando, cierto año, mi padre me pidió ayuda para su feria del libro, fue de lo más natural que acudiera con entusiasmo. El evento duraba varios días, incluida la tarde de orientación para padres, lo que significaba que yo podía asistir, aunque fuera a la escuela durante el día. Yo empecé como cualquier alumna de cuarto año empezaría: me tiré sobre el piso, frente a una pila de hojas en blanco y una caja de sesenta y cuatro crayones de colores.

Me gusta pensar que soy muy hábil con un montón de crayones, aunque nunca he podido averiguar cómo usar el sacapuntas incluido en la caja: al contrario de lo que indica su nombre, redondea los crayones en lugar de sacarles punta. Toda buena feria necesita letreros, sobre todo si es de libros, así que puse manos a la obra y diseñé carteles con personajes de algunos de mis libros favoritos de La Promesa: Alice, Dorothy, Sherlock Holmes…, cualquier personaje importante estaría presente. Luego rotulé cada cartel con el título y el autor, para que los lectores interesados pudieran encontrar los libros y los llevaran a casa. Más que sostener, tocar, oler y abrazar nuevos libros, la mejor parte es llevarlos a casa y leerlos en tu propia cama, bajo tus cobijas, con tu lámpara junto a ti, hasta que alguien te grita que la apagues y te duermas.

Dediqué mucho tiempo y esfuerzo a hacer estos carteles, tal vez media hora completa para veinte de ellos. Cuando los terminé, estaba ansiosa por mostrarlos como parte de mi discurso de ventas. Aquel año, gracias a mí, mi padre vendería más libros que nunca. A más niños se les gritaría por tener la luz encendida en medio de la noche y más padres se sentirían secretamente complacidos cuando se asomaran y vieran la luz de una lámpara bajo las cobijas. Ese era mi objetivo: la mejor feria de libros de toda la historia. Con mi ayuda y mi guía, entraba dentro de lo posible. Era probable. En realidad era seguro.

—¿Por qué esta mamá parece asustada y como si buscara el baño? —preguntó mi padre señalando a un personaje de R. L. Stein de un libro que había leído por mi cuenta. Quería examinar mi trabajo y comprenderlo por completo antes de dejar que colgara de las paredes de su biblioteca. Yo respetaba su afán de calidad, pero no apreciaba que cuestionara mi trabajo.

—Bueno, tú no has leído ese libro, ¿verdad? De eso trata exactamente.

—¿Hay un libro de Escalofríos sobre una mamá aterrada que no puede encontrar el baño?

—Sí, es menos popular que los demás, como podrás adivinar, pero es importante para los verdaderos fanáticos.

—Solo puedo imaginarlo —dijo mientras hojeaba el resto de mi obra con más rapidez.

—Bueno. Creo que estos carteles son definitivamente sobre libros —afirmó cuando llegó al final.

Mi padre no dice mentiras, así que intenta decir la mejor verdad posible. No se da cuenta de que eso suele ser peor que solo decir lo que piensa de la manera más agradable posible. Yo estaba acostumbrada y aceptaba sus comentarios encogiéndome de hombros, como hice entonces, pero no siempre tenía tanta suerte. Una vez, una amiga suya hizo galletas para su cumpleaños y accidentalmente él empezó una discusión al responder, cuando ella le preguntó qué pensaba de las galletas: «Puedo decir con toda honestidad que cada una de estas galletas tiene chispas de chocolate».

Pero como no había sido directo ni confesó que pensaba que mis carteles eran descuidados, los reuní en mis brazos con alegría, tomé un rollo de cinta adhesiva y me dirigí al carro. De camino a la escuela nos detuvimos para recoger a una amiga mía. Brittany casi siempre estaba dispuesta a escuchar cualquier idea que se me ocurriera; ayudarme a ser la anfitriona de una feria de libros no le pareció particularmente extraño. No me preguntó cuál sería su trabajo ni cuándo regresaríamos a casa; era una buena amiga.

Cuando llegamos, pegué los carteles por todos lados en la biblioteca para asegurarme de que comunicábamos nuestro mensaje con claridad. Sí, para respetar la tradición, colgamos algunos en las paredes. Pero para crear sorpresa, también colgamos algunos en los escritorios y pegamos otros a la alfombra. Y en caso de que un niño pequeño decidiera gatear debajo de la mesa de conferencias, que estaba cubierta con ediciones de bolsillo en descuento, allí también habíamos colgado un cartel de cabeza, solo para él. Estábamos allí para dividir y conquistar.

Los padres empezaron a entrar, algunos con niños y otros solos. En poco tiempo, el cuarto estaba lleno de posibles clientes. Era una gran oportunidad para probar mi discurso de ventas: me paré en una silla, uní mis manos como un megáfono y empecé a hacer anuncios. Los padres deben de ser inmunes a las voces de los niños molestos, porque fueron capaces de pasar por alto mensajes como: «Los libros son objetos para coleccionistas, especialmente si usted colecciona libros». Y el críptico y disimuladamente profético: «Este es el momento de comprar, no después. ¡Ahora! Antes de que sea demasiado tarde». Y la joya de la corona, uno que pasé una semana meditando y trabajando duro: «¡Atención padres! Cada libro que compren esta noche incluye automáticamente el amor y el aprecio de un niño importante: el suyo».

Este último estaba basado ligeramente en un anuncio acerca de alimentar a niños sin hogar, pero hacía que la gente se detuviera y volteara a verme con curiosidad, preguntándose quién era yo y por qué aquel agradable bibliotecario me dejaba subir a las sillas y gritar cosas a sus clientes. En ocasiones, una buena promoción requiere un poco de misterio.

Unas horas después de iniciada la venta, mi voz se hizo ronca y mis carteles se caían. Me paré junto a la caja registradora improvisada de mi padre para charlar un poco. Las ventas eran buenas, admitió, pero no tan buenas como predije.

—Si esta va a ser la mejor feria de libros de toda la historia, será mejor que guardes otro truco bajo la manga. Hasta el momento, tal vez sea la segunda o la tercera mejor. No querrás que la gente piense que has holgazaneado en el trabajo, ¿verdad? —dijo.

Decidí ir a las oficinas de la escuela y hacer un anuncio por el sistema de intercomunicación, porque los eventos de la noche habían terminado oficialmente y no perturbaría a nadie más de lo habitual. Brittany me secundó, hizo sugerencias sobre lo que debía decir, y en ocasiones ella misma tomó el micrófono cuando mis promocionales de treinta segundos empezaban a perder fuerza. Escuchar tu voz amplificada es un placer secreto para casi todos, pero especialmente para los niños. Hicimos varios viajes a la oficina durante esa noche.

—Creo que los clientes ya empezaron a recibir el mensaje —dijo mi padre en cierto momento.

—¿Quieres decir que debo detenerme? ¿O que los haga más cortos? Creo que así están bien.

—Tal vez tu siguiente anuncio debe ser el último, para que des tiempo a la gente de procesar por completo el consejo. Entonces podrán reflexionar realmente sobre tus palabras y meditar sobre la experiencia de la feria del libro.

Sin embargo, antes de que pudiera decepcionarme con gentileza, lo interrumpió un niño que durante la última media hora había tratado de obtener un segundo libro gratis de una oferta de compra uno y recibe otro de obsequio.

—Pero ahora no soy yo. Soy mi hermano —escuché que el niño explicaba mientras yo cerraba la puerta.

Brittany y yo regresamos a la oficina y ensayamos un guion antes de sacarlo al aire. La última transmisión había incluido canciones, pero esta se concentró en un análisis «sincero» de las aptitudes de mi padre como bibliotecario. En algún momento yo cambié el proyecto, que pasó de comercializar libros a promover la biblioteca y finalmente a promocionar a mi padre como bibliotecario. Luego, aunque las ventas fueran bajas, la gente pensaría en la feria y recordaría qué gran hombre era mi padre.

—¡Guau! ¡Este servicio es estupendo! —dijo Brittany al micrófono cuando estuvimos listas.

—Sí —dije mientras trataba de disfrazar mi voz para que la gente no desconfiara de mis elogios porque estaban sesgados.

—El señor Brozina es un gran bibliotecario. ¡Está preparado y listo para ayudarte a elegir un ejemplar en la feria de libros!

—Pero ¿qué pasa si no sé qué esconder? —Susurros y ruido de papeles—. ¡Escoger! Quiero decir si no sé qué escoger.

—Hay carteles muy útiles por toda la biblioteca y el señor Brozina tiene ideas aún mejores.

—¡Guau! Mejor voy, no quiero perderme la feria. ¿Todavía tengo tiempo? ¿Me repites dónde es?

—La biblioteca está en el segundo piso, al final de las escaleras; tienes hasta las nueve. ¡Corre, corre!

Apagué el micrófono y señalé la puerta. Durante nuestro anuncio, una oficinista había pasado por allí, apagado las luces, cerrado la puerta metiendo una llave en la cerradura y hecho algo, no estaba segura de qué. Supuse que cerraría la puerta con llave, pero también que no se cerraba por dentro. Si no, no le habría dado vuelta a la llave: ella nos vio a los ojos y sonrió; sabía que estábamos ahí. En realidad, no había duda de que toda la escuela sabía que ahí estábamos. En cuanto apagué el micrófono, corrí a la puerta y revisé el picaporte solo para asegurarme.

—¡Está cerrada con llave! —grité. Brittany se acercó y jaló ella misma.

Luchamos con el picaporte, recargamos el peso de nuestro cuerpo contra la puerta mientras empujamos y nos colgamos sin que nuestros pies tocaran el piso al jalarla. Imaginé que nos veíamos como Atlas tratando de sostener el mundo en lugar de abrir una puerta.

Cuando por fin me di cuenta de que no íbamos a conseguir nada, tratamos de gritar por la rendija de debajo de la puerta. Los eventos de la noche estaban por terminar y no había nadie cerca. Así que empezamos a peinar la sala en busca de posibles rutas de escape. Estábamos en el segundo piso: las ventanas no eran una opción. No veíamos puerta alguna al otro lado de la sala. Pronto fue evidente que cualquier persona que hubiera construido aquella oficina nunca se había quedado encerrado en ella.

—Tal vez esto era parte del ferrocarril subterráneo —sugerí y recordé mi clase de Estudios Sociales—, y hay una puerta, pero no podemos verla porque tuvieron que esconderla. Tal vez es una puertita secreta, escondida detrás de la máquina de fax.

Diez minutos después, sudorosas y exhaustas por mover el pesado equipo, decidí que una máquina de fax era algo completamente inútil, en especial si ni siquiera cubría una puerta secreta. Pensé que debíamos buscar un ropero, en caso de que la oficina de la escuela Wood tuviera algo en común con el mundo de *El león, la bruja y el armario*, un libro que mi padre y yo habíamos empezado a leer hacía poco y que me pareció particularmente emocionante. ¿Qué tenían Lucy, Alice o Dorothy, para el caso, que no pudiera tener yo? Si ellas podían encontrar portales a otros mundos en su vida diaria, yo también. En realidad, me parecía casi seguro que lo haría algún día. Revisaba mis clósets a menudo, pero no parecían lo suficientemente misteriosos. Aquella oficina tal vez resultaba más inspiradora, de seguro escondía algo.

—¿Un armario se parece a un clóset lleno de papeles, engrapadoras y cosas por el estilo? —preguntó Brittany.

—No, es más como un portal mágico a otro mundo; puede haber abrigos de pieles.

—No, aquí no hay nada parecido —dijo y metió la mano en el clóset para sentir lo que había dentro—. Pero encontré un barril de Tootsie Rolls de sabores; solo hay de limón, alguien se comió todos los demás.

—Cuéntalos, vamos a necesitar provisiones. Por lo menos necesito siete Tootsie Rolls de limón para aguantar hasta la mañana; si fueran de naranja podría sobrevivir con cuatro, pero los de limón no se pegan a tus huesos —afirmé.

—¿Sobrevivir hasta la mañana? ¡Ni siquiera son las nueve! ¿Por qué nos sacarían de aquí hasta la mañana?

—Si encuentras una manera de salir, me encantaría escucharla —dije. Doblé mis piernas estilo *pretzel* y desenvolví cuidadosamente mi primer Tootsie Roll de limón. Lo comí lentamente, saboreé cada mordisco segura de que sería el último.

—¿Por qué no hacemos un anuncio? —dijo ella y caminó de regreso al micrófono.

—¿Eh?

—Podríamos hacer un anuncio de que estamos encerradas aquí. Ya sabemos cómo funciona esta cosa.

—¡Por qué no lo dijiste antes! ¡Ya me preparaba para enfrentarme a la muerte!

—Ya me había dado cuenta —dijo ella.

Me entregó el micrófono y lo encendió. Reflexioné por un instante. Quería estar segura de decir algo que no creara demasiado pánico. «¡Atención, hay dos niñas pequeñas atrapadas en la oficina de la escuela R. D. Wood! ¡Por favor, envíen a alguien a salvarlas de inmediato!»

Me alejé del micrófono y me acurruqué cerca de Brittany para conservar el calor hasta que ella me recordó que en la oficina hacía un calor insoportable. Me comí otro Tootsie Roll.

Por fin apareció mi padre a través de la ventana de la oficina; reía y hablaba con un trabajador de mantenimiento.

—¡Papá! —grité a través de la puerta. —¡Estamos aquí! ¡Abre la puerta!

—¿A qué crees que vine a la oficina? ¿A ver qué me parecía el papel tapiz?

Abrió la puerta y corrí hacia él.

—¡Nos salvaste! —grité, dando brincos y tomando su mano.

Él se rio y empezó a caminar de regreso a la biblioteca; corrimos para alcanzarlo.

—Algún día le contaré a mis hijos esta historia —continué—, cómo arriesgué mi vida por la feria del libro. Y los hará pensar en la importancia de los libros y lo maravillosos que son.

—No, les harás darse cuenta de que su madre era una completa chiflada —me corrigió.

Luego abrió la caja registradora y sacó una hoja de papel con las ventas totales: las más altas en diez años.

CAPÍTULO OCHO
DÍA 646

—*Bueno, soy bonita* —*contestó Carlota*—.
No hay por qué negarlo.
Casi todas las arañas tienen
muy buena presencia.
No soy llamativa como algunas,
pero no estoy nada mal.

E. B. WHITE, *La telaraña de Carlota*

—No creo que sea una araña —señaló mi papá mientras encendíamos la luz del pórtico para ver mejor.

—¿Qué otra cosa sería? Patas largas, cuerpo pequeño... parece una araña.

—Bueno, tal vez sea hembra. Y tal vez sea un arácnido.

—¿Las arañas no son arácnidos?

Tenía once años y estaba tan llena de respuestas como de preguntas.

—Podríamos buscar en la enciclopedia —sugirió—. Aunque no estoy seguro de cómo se llaman en realidad. Tengo dudas de que se puedan incluir bajo el rubro «zancudo».

La pequeña criatura se arrastró lentamente hacia arriba, en dirección a los soportes de nuestro pórtico, dando golpecitos con sus patas como si fueran largas uñas, lo que la hacía parecer impaciente.

—Me gustan sus colores —dije estirando la mano para acariciar una de sus patas.

—¡Cuidado, le harás daño!

No detuvo mi mano, pero la retiré.

—No le voy a hacer daño —susurré.

No estaba segura de dónde tenía los ojos, pero me imaginé que me miraban con confianza. Las arañas o, en este caso, las cosas que parecen arañas deberían confiar en nosotros. Mi padre y yo éramos protectores, defensores y fanáticos de cualquier araña en particular y de todas ellas en general. El mejor lugar para las arañas era nuestro pórtico. La luz atraía a otros insectos que solían parecerme grandes y torpes. Las arañas los atrapaban y los envolvían muy bien, como si fueran a intercambiarlos como regalos. Creo que las arañas siempre tienen miedo de que alguien las invite, de último minuto, a una fiesta de cumpleaños; siempre quieren estar preparadas. Los pequeños puntos blancos que hay en la esquina de una telaraña por lo regular están bien ordenados y son adorables. A continuación se me ocurrió una idea horrible.

—Papá, no crees que Bertha se la comerá, ¿verdad? Quiero decir, si esta cosa no es una araña, ¿corre peligro?

Bertha era la joya de la corona de nuestro pórtico. Una belleza absolutamente maravillosa: gruesa, de color café oscuro, como una tarántula en miniatura; era el tema de muchas conversaciones entusiastas. Le puse ese nombre la primera noche que la vi, porque si vas a tener un invitado, tienes que saber cómo llamarlo. Bertha debió de sentirse bienvenida. Ya llevaba en nuestro pórtico más de un mes, tejiendo una telaraña a la luz de la luna todas las noches, esperando a los «clientes», como mi papá los llamaba. Sin embargo, aunque nos levantáramos muy temprano, la telaraña desaparecía cada mañana. No podíamos imaginar que ella la tirara; siempre era intricada y hermosa, laboriosamente simétrica. Pero parecía también demasiado fuerte como para que no resistiera la brisa, de modo que no podíamos explicar adónde se iba. Era tan misteriosa como ella. Sin embargo, justo en ese momento, la telaraña estaba ahí; Bertha se encontraba sentada cerca del centro y aún no habían llegado clientes. Yo estaba preocupada por nuestra nueva amiga, la no-araña.

—No, si es rápida estará a salvo de Bertha. ¡Y mira lo vivaz que es! Puede cuidarse sola, estoy seguro —aseguró mi papá.

Su voz estaba llena de maravilla mientras su mirada iba de Bertha a la recién llegada, y yo sabía que estaba por empezar su discurso de casi todas las noches sobre su belleza. Siempre quería escucharlo, así que lo incité.

—Papá, ¿por qué te gustan tanto las arañas?

Él lanzó un suspiro contenido y miró con ensueño la compleja telaraña.

—Bueno, Lovie, es como siempre te digo. Me gusta que sean activas. No solo se sientan en una planta a tomar el sol. Salen y encuentran algo que hacer, como esta telaraña. Y luego atrapan cosas y las almacenan. Me gusta su forma de caminar, cómo levantan sus patas como si estuvieran evitando pisar los charcos con gracia. Y me gusta que las subestimen. Todos piensan que son dañinas, pero son muy benéficas.

—¿Qué pasa si te despiertas y tienes una araña encima?

—¡Por lo menos sabrás que no tienes encima otros insectos!

—¿Y si es una grande?

—¡Cuanto más grande mejor!

—Cuanto más grande mejor —repetí, notando que se movía la telaraña de Bertha. Me puse de pie, pensando que habría atrapado algo, pero cuando vi que la telaraña estaba vacía, me di cuenta—. ¡Ese ruido en la distancia debe de ser un trueno!

—¡Ay, caray! —exclamó mi papá—. Casi olvidaba que se había pronosticado una enorme tormenta para esta noche. ¡Qué bueno que terminamos nuestra lectura a tiempo para verla!

Por supuesto, no lo había olvidado. Por eso venimos directo al pórtico después de terminar un capítulo de *It's Like This, Cat*. En parte para echar un ojo a Bertha, por supuesto, pero también para observar otra vista adorable: la llegada de una tormenta de verano.

Apagamos la luz del pórtico y yo me disculpé con Bertha en caso de que hubiéramos echado a perder sus planes. Observamos el efecto completo de los rayos y comimos paletas de piña mientras esperábamos, entusiasmándonos cada vez más a medida que el tiempo entre el rayo y el trueno se reducía. En la escuela aprendimos a contar las veces que podíamos repetir «Mississippi» desde que veíamos la luz del rayo hasta que escuchábamos el sonido del trueno; eso indicaba que la tormenta estaba a cierto número de kilómetros. Olvidé cuántos kilómetros eran exactamente por cada repetición de la palabra, pero justo entonces la tormenta estaba a seis Mississippis de distancia, lo que parecía impresionante. Se lo dije a mi padre. Él sonrió.

—¿Recuerdas que te espantaban las tormentas? —preguntó.

—No. Nunca me han dado miedo las tormentas. Debes de estar pensando en Araña—respondí despectivamente.

De manera bastante apropiada, aquel era también el sobrenombre con que nos referíamos a mi hermana debido a sus piernas largas y delgadas. En parte porque tenía siete años y medio más que yo y era muy alta, sus piernas siempre me parecían del doble del tamaño de todo mi cuerpo. Había pocas cosas que amara tanto como las arañas, pero mi hermana mayor, que me parecía fantástica, era una de ellas. La comparación era el mayor cumplido para ambas, por supuesto.

—No, no, eras tú —dijo enfáticamente—. Cuando tenías dos años, quizá incluso tres, te aterraban las tormentas con rayos. Tu madre te lo provocó. El trueno empezaba a retumbar en la distancia y ella ya te estaba llamando para que entraras de inmediato, como si fuera a suceder la cosa más horrible en el bulevar Hazel.

Aún no le creía.

—Si me espantaban, entonces ¿por qué no me dan miedo ahora? —pregunté con suspicacia.

—¿Crees que voy a dejar que tengas miedo de algo tan hermoso como una tormenta con truenos? ¡Tan divertido! En cuanto me di cuenta de lo que pretendía tu madre, yo te sacaba al pórtico, justo en el corazón de la tormenta, y cada vez que veíamos un relámpago te gritaba: «¡Ese estuvo bueno!».

—¿Y qué hacía yo?

—¿Qué haces ahora? Después de unos minutos, empezabas a gritar: «¡Ese estuvo bueno!» y a saltar como una rana. «¡Ese estuvo bueno! ¡Ese estuvo bueno!» Saltabas y saltabas y saltabas, aplaudiendo con toda vivacidad y agitando tus puñitos, ¡aunque el relámpago estuviera casi sobre tu cabeza! En ocasiones creía que la casa se partiría. Pero si estábamos bajo el techo del pórtico y cerca de la casa, pensaba que era razonablemente seguro. Más seguro que cualquier otro lugar, me imagino.

La tormenta se estaba acercando y las ventanas empezaban a agitarse de manera hermosa, como si zumbaran por la excitación y las expectativas.

—¿Así que la única razón por la que me gustan las tormentas es porque me convenciste?

—¡Te gustaron las tormentas porque son divertidas! El cielo se ilumina. Puedes ver toda la calle. Y también son ruidosas. Y tal vez un poco peligrosas.

También estaba describiendo la escena de ese momento, mientras el cielo se abría con un crujido y empezaba una lluvia torrencial. Mi primer impulso fue ver si Bertha estaba segura, pero era una chica inteligente y ya se había resguardado en su lugar para la lluvia, oculta detrás del canal para el desagüe. Tenías que saber dónde mirar, porque solo una pata café había quedado fuera, casi coquetamente, contra la pintura blanca. La recién llegada se había desplazado a la ventana, y yo no podía saber si estaba mirando hacia dentro o hacia fuera. Con todos esos ojos, probablemente hacía ambas cosas.

—Nunca le tuve miedo a las arañas, ¿verdad? —tuve que preguntar, aunque sabía que una respuesta afirmativa representaría la vergüenza absoluta.

—No recuerdo que lo hayas tenido. —Se rio—. Pero tomé medidas preventivas.

Recordé *La telaraña de Carlota*, ya que era uno de los primeros libros que leímos juntos. Carlota era mi personaje favorito en el libro, más que Wilbur o incluso Templeton. Ella usaba sus telarañas para deletrear palabras de la misma manera en que yo estaba aprendiendo entonces a deletrearlas, y sabía que debía de sentirse orgullosa de sí misma. Todas las palabras parecen hermosas en tu propia escritura, de modo que debían de verse aún más bonitas en una telaraña. Tal vez

Bertha también escribía palabras, pero como no había un cerdo al que tuviera que salvar, no tenía que preocuparse de escribirlas en nuestro idioma. Siempre estaban en lenguaje araña, con apretadas letras mayúsculas que la gente no podía leer. Carlota sabía lo que decían: ella era estupenda con los idiomas. Inglés o idioma araña, cerdo, rata o ganso, ella sabía escribirlos todos y aún darse tiempo de hacer algo hermoso. Pero eso no hacía que respetara menos a Bertha, porque ella era real y era nuestra.

—Me habrían gustado las arañas por mí misma —insistí.

Seguro que sí, por sus colores, sus ojos, su técnica para envolver regalos y sus telarañas deslumbrantes. Y sus patas, como las piernas de mi hermana.

—Ni siquiera le pusiste nombre a Bertha —señalé—. Yo lo hice.

—Sí, es probable que siempre te hayan gustado las arañas —convino.

Yo me sentí un poco engañada, porque él estaba tratando de atribuirse todo el crédito. Pero me había hecho pensar, y ahora yo también estaba sintiendo algo extraño.

En realidad, aun secretamente, me sentía un poco orgullosa. Orgullosa de amar las tormentas y las arañas, cosas que la mayoría de mis amigos odiaban. Orgullosa de no tener miedo de salir al pórtico a mirar cómo el viento azotaba los árboles y a esperar que los relámpagos cayeran. Y si él me hubiera engatusado para alejar mis miedos años antes, ¿habría sido tan malo? Cualquier cosa era mejor que ocultarme en mi cama, estirando las cobijas para cubrirme la cabeza, y esperar a que la tormenta pasara, como había visto que hacían las demás niñas cuando yo dormía fuera de casa. Y en ese momento mi entusiasmo era completamente mío, y bullía sin que él interviniera.

Cuando finalmente un relámpago cayó a plena vista, iluminando nuestras caras como el flash de un fotógrafo, ambos nos pusimos de pie al mismo tiempo. Pero me tocaba a mí decirlo, y lo disfruté.

—¡Ese estuvo bueno! —grité saltando y agitando mi puño en señal de triunfo.

CAPÍTULO NUEVE
DÍA 758

Todos lloraban, porque la muerte es difícil.
La muerte es triste. Pero la muerte es parte de la vida.
Cuando muere alguien que conoces,
debes tratar de mantenerlo con vida.

Deborah Wiles, *Each Little Bird That Sings*

Nunca consideré a mi abuelo como el padre de mi padre. No podía imaginarlo como un joven que conoció a mi abuela y eligió un anillo. Sabía que participó en la guerra, pero no creo que nadie sepa con seguridad lo que hizo. En algún momento nacieron sus hijos, él los crio y luego se volvió Abuelito. No supe mucho de Charles Brozina, pero como Abuelito por lo menos era familiar.

Abuelito tenía un jardín detrás de la casa donde cultivaba cosas habituales de Nueva Jersey como calabazas, fresas y tomates más grandes que mis dos puños juntos. Todos los días salía a trabajar al jardín durante horas, sudando a través de sus overoles grises a rayas, que quizá alguna vez fueron azules. Solo unos meses después de que murió supe que era un trabajador de caminos retirado con un jardín como pasatiempo, y no el granjero de tiempo completo que siempre supuse que era.

Nunca me habló de su anterior trabajo, pero siempre me enviaba a casa con una bolsa arrugada de plástico con productos, de modo que durante años quise ser granjera. Él olía a tierra y jabón Ivory, lo que me parecía la combinación perfecta.

No me acuerdo mucho de su funeral, aparte de que su olor se había ido, igual que el olor de mi madre se fue el día en que se mudó. El cuarto con el ataúd de mi abuelo olía a flores, perfume y madera pulida, pero no había una pizca de polvo ni de jabón. Había pequeñas tarjetas con oraciones, y yo doblé una en pequeños cuadritos hasta que mi hermana me dijo que quizás alguna vez desearía haberla conservado. El resto del día se ha desvanecido con el tiempo. Lo que recuerdo de esa semana sucedió la noche anterior.

Antes de mostrarlo, llamaron a mi papá y sus hermanos a la capilla de la funeraria para asegurarse de que su padre tenía el aspecto que querían la mañana siguiente. Cuando regresó a casa y subió para nuestra lectura, se veía un poco conmovido. Como aquello no parecía más que una formalidad, ya que él había visto el cuerpo antes, me sorprendió verlo afectado. No hablamos de la muerte de su padre, de modo que cuando le pregunté qué pasaba, esperaba el tipo de conversación que conocía por las comedias de enredos. Abuelito se había ido. Ya no iba a regresar, pero estaba en un mejor lugar. Me sentiré mejor con el tiempo, pero nunca lo olvidaremos. En realidad no esperaba que mi padre hablara de sus sentimientos, sobre todo conmigo. Un poco más de una década de vida apenas me calificaba para la posición de escucha compasiva, pero mientras estaba sentada a su lado en su cama, asintiendo y haciendo preguntas en los momentos correctos, eso era lo que intentaba ser. Empezó por iniciativa propia, lo que me hizo entender que estaba compartiendo su carga, más que tratando de explicar la muerte.

—Nos paramos alrededor del ataúd —explicó con una voz tranquila pero sorprendentemente suave—, y el lugar estaba lleno, porque éramos la abuela y nosotros cuatro. Todos los demás se las ingeniaron para mirarlo de cerca, pero no había lugar para mí. Traté de colarme, pero como no cabía tuve que hacerme espacio y quedarme parado a sus pies.

Asentí y usé una frase que había aprendido hacía poco en la escuela:

—¿Y cómo te hizo sentir eso?

—Bueno, al principio estaba muy molesto. Quería verlo como los demás, pero a pesar de ser alto no podía mirar por encima de mis hermanos. Así que me quedé a los pies y eso no me hizo feliz. ¿Qué tipo de comentarios podría hacerle al director del funeral acerca de los pies? ¿Que tenía que sacarle brillo a los zapatos?

—¿Y les hacía falta?

Ignoró mi pregunta, y tomé nota mental de que mis palabras solo funcionaban si lo hacían hablar acerca de aquello que ya quería compartir. Traté de ser la mejor escucha posible, y ni siquiera me mordí las uñas. Bueno, las mordí un poco, pero solo como ayuda para concentrarme.

—Me quedé allí, apesadumbrado, esperando mi oportunidad de llegar a la cabeza del ataúd, pero entonces empecé a mirar sus pies. Cuando los vi, me hicieron pensar.

—¿En qué te hicieron pensar?

Era obvio que de todos modos me lo iba a decir, pero quería hacerle saber que de verdad lo escuchaba y que no me había asustado al oír sus ideas reales sobre la muerte, aunque los padres suelen ocultarlas.

—Me hicieron pensar en la época en que era niño. —La tensión en su voz me indicó que eso era lo que lo afectaba —. Y él me daba una moneda de cinco centavos para que se los frotara. Cuando llegaba de trabajar y tenía los pies hinchados, me pagaba cinco centavos para que le frotara los pies, y yo usaba la moneda para comprar tarjetas de beisbol. Éramos cuatro, tú lo sabes, pero no sé si él le habrá pedido a alguien más que le frotara los pies. Era algo entre nosotros, hasta donde puedo recordar.

Dejó escapar un suspiro después de decirlo, como si doliera un poco más sacarlo que conservarlo en su interior. Me dije a mí misma que nunca le haría repetir lo que sentía, sin importar la edad que yo tuviera. Parecía como si fuera un secreto.

—¿Tenían otras cosas? ¿Cosas que compartían, como La Promesa?

—No teníamos nada igual. A los dos nos gustaba el beisbol, pero a mi hermano también.

Lo pensó por un momento, y una vez más supe que esa era la pregunta correcta. Me miré en el espejo, al otro lado de su cama, comprobando si había crecido un poco o si me veía mayor. Pensé que sí. Tal vez un poco. Mi padre se veía tan grande como siempre, pero se veía encorvado, hecho bolita, como si se estuviera preparando para una tormenta.

—Bueno, el box era lo nuestro. Veíamos peleas juntos en Fairton Road cuando aún vivía allí, y cuando me mudé él venía aquí a verlas. En ocasiones lo llevé a la arena. Vimos algunas buenas peleas.

—Así que no parece que todo lo que hiciste fue frotarle los pies.

—Fue algo más que eso, pero no mucho. Es difícil con cuatro hijos. ¿Cómo podía pasar tiempo con uno solo? ¿Qué estarían haciendo los otros tres? Cuando por fin pasas tiempo con uno, sin nadie más, ambos son ya adultos. No es lo mismo. No es lo mismo que conocerlos cuando están descubriendo el mundo.

—Pero ustedes aún están tratando de saber cosas acerca del mundo ahora, ¿o no?

—Eso es muy cierto, ¿y tú?

—Sí, hay muchas cosas que quisiera conocer. Estoy segura de que Araña también tiene mucho que aprender —dije señalando una foto de mi hermana en su mesita de noche.

—Dos es más fácil que cuatro.

—Pero tú aún tuviste tiempo de llegar a conocer a Abuelito, me refiero a tu papá, ¿verdad? Mucho tiempo.

Agitó la cabeza de una manera que pudo ser un «sí, por supuesto» desdeñoso, o un «no en absoluto» honesto. Tenía el libro sobre sus piernas, listo para empezar nuestra lectura, pero solo se quedó mirando el suelo, o tal vez sus propios pies. Yo quería seguir haciendo las preguntas correctas. Siempre hablaba conmigo con honestidad, pero nunca había sido tan franco. Me estaba hablando como a un adulto, rompiendo todas las reglas que yo había notado acerca de explicar la muerte a los niños. No me la estaba explicando. Estaba explicando a Charles Brozina, su padre, y junto con eso, estaba explicando a James Brozina, mi padre, aún más claramente.

—Él trabajó duro todos los días de su vida. Empezó de tiempo completo cuando apenas era un adolescente, después de que murió su padre.

Ya lo sabía, pero por primera vez traté de imaginar a mi abuelo como niño, no mucho más grande de lo que yo era entonces, trabajando para sostener a su familia. Me sentí agotada de solo pensarlo. Me sentí peor imaginando su vida sin Abuelito. ¿Qué le habría pasado a mi papá si Abuelito hubiera muerto mientras sus hijos todavía eran pequeños? ¿Y cómo podía mi abuelo crear lazos con sus hijos después de renunciar su infancia para trabajar como un adulto? Pagarle a tu hijo para que frotara rápidamente tus pies debe de haberle parecido algo tonto, casi satírico, a un hombre que hizo trabajo manual por un salario bajo desde los catorce años de edad. Pero cuando recuerdo su cara desgastada y curtida parecía feliz. Tenía la piel un poco gris y dura en mi memoria, pero en sus labios había siempre una pequeña sonrisa. Lo vi vivo apenas unos días antes, así que estaba segura de que así era.

—Debió de trabajar duro —concedí—, pero murió como un hombre feliz.

—¿Lo crees?

Cuando brotó su voz, se parecía extrañamente a la mía cada vez que hacía esta pregunta, esperanzada y buscando una razón para ser optimista, aunque necesitaba algunos consejos. Yo no estaba segura de cómo desempeñar este papel, porque siempre estaba en el otro extremo de la conversación. Pero traté de imaginar lo que mi papá se diría a sí mismo. Conservé mi voz firme y confiada.

—Sí, por supuesto. Tuvo cuatro hijos, y ahora todos cuentan con trabajo y familia estables. Tuvo nietos que lo amaron. Tuvo a Abuelita. —Aquí mi padre se mostró preocupado, así que de inmediato lo suavicé—. Todos lo extrañarán, pero pasaron muchos años estupendos con él. Tuvo un hermoso jardín lleno de comida deliciosa, un estupendo par de overoles y un olor memorable. Fue un gran hombre, vivió una vida maravillosa, y creo que murió feliz. —Y entonces, para mostrar que realmente estaba escuchando, añadí—: Tal vez podamos mirar algunas de esas tarjetas de beisbol que compraste con las monedas que te dio por frotarle los pies, después de la Lectura de Primera.

Las palabras le recordaron que teníamos una tarea por delante, y apartó el separador del libro.

—Podrías escribir un hermoso discurso fúnebre, Lovie.

Su voz y su sonrisa me dijeron que se sentía mejor, pero esperaba que su comentario significara que no se arrepentía de ser honesto conmigo. Perder a alguien es triste. Era triste para los dos, aunque él era, a la vez, un adulto y mi padre. Si me lo hubiera dicho, tal vez no se lo habría creído. Pero cuando habló simple y llanamente, tuve un atisbo de un lado raro de él, vulnerable, que no volvería a ver en años. Tal vez era demasiado pequeña para comprender por completo la muerte, pero era lo suficientemente mayor para darme cuenta de que acababa de pasar algo especial, y que a mi manera había ayudado a mi papá a recorrer un proceso de duelo.

Cuando empezó a leer, me acurruqué aún más en su brazo. Lloré suavemente porque extrañaba a mi abuelo, y mis lágrimas escurrieron hacia su camisa y su almohada. Y supe que eso estaba bien.

CAPÍTULO DIEZ
DÍA 829

*Siempre he sostenido el axioma
de que los pequeños detalles son,
con mucho, lo más importante.*

Sir Arthur Conan Doyle, «*Un caso de identidad*»,
en *Las aventuras de Sherlock Holmes*

La enfermera conocía mis trucos. No era que no me gustara la escuela, ni siquiera que me gustara particularmente estar en casa. No había nada interesante en la televisión entre las nueve de la mañana y las dos de la tarde. Pero me gustaba ir a la enfermería y me agradaba cuando me enviaban a casa. Era una oportunidad de practicar mis aptitudes histriónicas y tal vez de evitarme algunos ejercicios de multiplicación al mismo tiempo; además, la enfermera era amable, conversadora y cálida. Aunque no me enviara a casa, me mantenía en el consultorio por un rato. Creo que disfrutaba nuestros encuentros casi tanto como yo, y por la misma razón: eran un descanso de la rutina diaria.

Mis maestros se dieron cuenta rápido y empezaron a limitar mis visitas a la enfermería, pero había maneras de sortearlos. Los maestros sustitutos, por ejemplo, mostraban una particular sensibilidad ante una tos grave o unas manos sudorosas; resultaba que yo siempre las tenía así de manera natural, y a menudo me aprovechaba de eso. Los asistentes del patio de recreo enviaban a la enfermería a cualquiera que lo pedía, pensando que tenías que sentirte muy mal para renunciar voluntariamente a tus privilegios en el *kickball* o el quemados.

Odiaba, y probablemente siempre odiaré, cualquier juego en que se necesite patear, cachar o, en mi caso, esconderme de pelotas rojas y brillantes. Era mala en todos esos «deportes» y me parecían aburridos, pero lo más importante es que terminaba golpeada con mucha frecuencia. Sin embargo, los asistentes no se daban cuenta. Un dedo índice que señalaba rápido mi estómago, algún ligero jadeo y tal vez un comentario acerca de lo triste que me sentía por perder mi turno. «¡Oh, no! ¡De verdad tenía muchas ganas de patear esta pelota de aspecto peligroso en la dirección del equipo opositor!», decía, pero ya iba de regreso al edificio, con un pase a la enfermería en mano.

Yo entraba, y la enfermera me lanzaba una sonrisa y me ofrecía una silla. Casi siempre me preguntaba qué me pasaba, pero en ocasiones trataba de adivinarlo por mi expresión facial o mi postura.

—¿Garganta irritada? —decía, alcanzando una pastilla para la tos.

—Ajá. Mucho, en realidad —susurraba yo, desplazando rápidamente la mano de mi estómago a mi cuello.

Durante los primeros diez minutos, más o menos, siempre tenía que mentir mientras descansaba en la camilla. Había tres en la enfermería, pero yo siempre escogía la misma en el rincón de atrás, a la izquierda; era mi casa lejos de casa, como decía mi padre. Estaba en esa pequeña habitación, cerrada, hecha con aquellos ladrillos brillantes que eran populares en los dormitorios de los estudiantes de primer año de universidad, los hospitales y otros lugares generalmente infelices. En el extremo había un baño, que yo evitaba a toda costa porque algún niño genuinamente indispuesto habría vomitado allí casi seguramente en las últimas horas. El truco consistía en actuar como enferma, no en enfermarse. Después de cerrar la puerta del baño para no ver por accidente una mancha con empanada de pollo a medio digerir que los intendentes habían olvidado limpiar, me trepaba en la camilla y cerraba los ojos. Era imposible dormir, en parte debido al papel blanco y rugoso extendido sobre la camilla y en parte debido a mi edad. A los diez años, todavía estaba peligrosamente cerca de los días de las siestas forzadas. Mi naturaleza rebelde apenas me permitía dar un parpadeo largo mientras el sol estaba en lo alto, mucho menos una siestecita voluntaria. Pero allí lo importante no era dormir, de ninguna manera; en ocasiones permanecer despierta era más convincente.

—No pudiste dormir, ¿verdad? —decía la enfermera, de pie ante mi camilla, unos veinte minutos después de enviarme a que me recostara.

—No —respondí, agitando la cabeza con cansancio.

—Debes de tener muy mal esa garganta, ¿eh?

—Ajá —aseguraba, haciendo una mueca mientras pronunciaba esas palabras.

—Llamemos a alguien —concluía ella, ayudándome a que me pusiera de pie.

—Oh, no —susurraba con voz ronca—. Tenía muchas ganas de regresar afuera a tiempo de patear la pelota. Me encanta darle de patadas y hacer que me la lancen. Pero si realmente piensa que deberíamos llamar a casa…

Mi protesta, por supuesto, siempre cerraba el trato. Creo que la enfermera pensaba que el lugar de una mujer estaba con sus hijos, y por eso siempre llamaba primero a mi madre aunque ella ya se había ido de casa. A veces iba a su departamento, pero casi a la mitad del año, entre sus propias enfermedades y las mías, mi madre ya había agotado sus días libres por indisposición. El teléfono de la enfermera siempre tenía el volumen suficiente como para que yo escuchara la conversación en el otro extremo de la línea, y cuando oía el tono de mi madre, pesaroso pero algo molesto, sabía lo que ocurriría enseguida.

—No hay ningún problema en absoluto —diría la enfermera alegremente—. Entonces llamaré a su padre.

No era que no disfrutara el tiempo que pasaba con mi papá, por supuesto que sí lo hacía, casi siempre. Pero una vez que él se iba al trabajo, bien vestido, con una camisa y un pantalón planchados cuidadosamente y una corbata colorida, era un hombre diferente. En casa, toleraba indulgentemente mis divagaciones sin sentido durante horas. Comeríamos helados y miraríamos películas de horror de los años cincuenta y, por supuesto, leeríamos. Pero en el trabajo, solo una de esas cosas importaba: leer era el centro de todo en cada momento, y cualquier otra cosa resultaba una distracción.

Mi padre pasó treinta y ocho años en la biblioteca de una escuela primaria, y puedo decir de forma casi imparcial que era claramente el mejor en eso. Sus estudiantes lo adoraban porque era bueno en lo que hacía: desde la lectura hasta la disciplina, o la creación de un entorno general de respeto mutuo; él era un experto en hacer que los niños amaran el tiempo que pasaban en la biblioteca. Era un absoluto placer mirarlo casi cualquier día. Sin embargo, en ciertos días su actitud se encontraba al borde de ser un castigo cruel e inusual.

En las raras ocasiones en que se llamó a mi papá para recogerme y él aceptó venir por mí, tuve que estar genuinamente enferma; a diferencia de la enfermera, él asumía automáticamente que yo estaba fingiendo, a menos que tuviera casi cuarenta grados de temperatura. Nos deteníamos rápidamente en casa para recoger mi *sleeping bag*, una almohada y pastillas para la tos, y luego nos dirigíamos directamente a su biblioteca. Yo trataba de explicarle que cuando estás enferma, muy enferma, el último lugar donde quieres estar es en una escuela primaria rodeada por niños posiblemente llenos de gérmenes. En realidad, ese era precisamente el ambiente que estaba tratando de evitar al llamarlo para que me recogiera. Pero él, que había nacido con solo el veinticinco por ciento de su audición, era particularmente bueno para ignorar mis protestas cuando quería. Siempre y cuando yo fuera físicamente capaz de subir las escaleras de su edificio, me llevaba la biblioteca.

Cuando llegábamos, tomaba unos momentos para notificarle al personal que había regresado al edificio y que las clases en la biblioteca podían reanudarse como era habitual. Durante ese tiempo, yo extendía mi *sleeping bag* detrás del escritorio, el lugar donde me escondía, hasta cierto punto, y que hacía que me vieran menos desde su clase. Sin embargo, aún se me veía a través de la parte inferior del escritorio, y era perfectamente visible desde la entrada a la sala. En realidad no era un buen escondite. En cuanto los niños llegaban a la biblioteca, de inmediato empezaban a preguntar quién estaba detrás del escritorio, si estaba en un receso o tal vez muerta. Mi padre ignoraba estas preguntas por completo porque no quería que sus estudiantes se distrajeran más, así que les pedía que tomaran asiento.

Dependiendo del momento del día en que llegara, escuchaba los mismos libros de tres a ocho veces. Cada colección era una serie de unos siete libros ilustrados, todos clásicos a los ojos de mi papá y casi todos familiares para mí, por las lecturas en casa. Él había memorizado por completo los libros gracias a horas de ensayo, de modo que sostenía las imágenes de cara a los niños todo el tiempo. De principio a fin, recitaba, con voz clara pero teatral, historias que iban de los *Berenstain Bears* hasta relatos folklóricos, además de sus favoritos, como los libros de Clifford o los *Dumb Bunnies*, sin tartamudear ni detenerse una sola vez, siempre apegándose a un ritmo preestablecido y volteando las páginas en el momento apropiado.

Como nunca iba en las primeras semanas del año escolar, no sabía si sus estudiantes se habrían sorprendido en algún momento por esa técnica. Por supuesto que no me sorprendía a mí: después de ver sus ensayos tantas veces, me tomó años convencerme de que quienes no leen a los niños de esta manera no eran completos perezosos. Parecía natural anticipar lo que venía a continuación, voltear la página con absoluta seguridad, levantar las cejas con sorpresa ante un hecho que estabas segura de que iba a pasar. Como ya estaba escribiendo y actuando en obras de teatro con amigos, tal vez fue allí donde encontré inspiración por primera vez. Mi padre asegura que nunca le gustó la interpretación, pero actuó todos los días durante años, cambiando con tranquilidad su voz para retratar a una niña pequeña como Cindy Lou Who, del Dr. Seuss, o cerrando dramáticamente el libro al final de un cuento de horror como *The Monster and the Taylor*. Requería habilidad, y en grandes cantidades.

Pero en esos días, encogida detrás del escritorio en mi *sleeping bag*, con un dolor de cabeza palpitante o un estómago revuelto, su actuación me parecía poco impresionante. Con cada respiración anhelante de los niños ante un giro sorpresivo, que ni siquiera podía ver porque las imágenes estaban volteadas hacia ellos y lejos de mí, gruñía y me tapaba los oídos, adentrándome más en mi *sleeping*, buscando algún lugar, el que fuera, para ocultarme del ruido y las luces. No importaba lo malo que me pareciera la primera vez, se volvía exponencialmente peor tras cada libro recitado. Y era mucho peor si el libro era rimado, lo que facilitaba su memorización. En esos casos, terminaba murmurando las frases con él al final del día, incapaz de ignorar su voz resonante, incapaz de dormir entre los aplausos entusiastas que seguían a cada uno de los libros. Durante esos momentos, habría dado cualquier cosa por regresar a la camilla de la enfermería, a la sala oscura de ladrillos, quizás durmiendo una siesta por una vez.

Durante el viaje a casa en automóvil, le hacía saber de nuevo lo que pensaba.

—Termino sintiéndome peor cuando me llevas a la biblioteca. Es ruidosa y caliente y hay personas por todos lados. No es el tipo de lugar al que deberías llevar a una niña enferma.

—Para alguien que se supone tiene treinta y ocho grados y medio de temperatura, estás muy lúcida para discutir.

—¿Eso significa que comprendes lo que estoy tratando de decir?

—Martha dijo: «¡Se acabó la discusión!» —repetía, recitando una línea clásica, bueno, clásica para nosotros, de la serie de libros ilustrados de George y Martha, de James Marshall.

Cuando Martha, o mi papá, decían que se acababa la discusión, en realidad se acababa. Yo me mostraba molesta todo el camino a casa, tratando de quitarme del cabello el polvo del piso de la biblioteca. Leer era su pasión, tan intensa que no se le podía convencer de dejar de hacerlo, ni siquiera para quedarse en casa con una niña enferma. Él mismo nunca tomaba incapacidades, y era evidente que no le parecía interesante sentarse en un sillón sin hacer otra cosa, mientras yo dormía en mi cama escaleras arriba. Si él estaba bien como para leer, leería, sin que le molestaran distracciones como mi tos incesante desde el fondo de la biblioteca.

Esta puede ser, en parte, la razón por la que La Promesa funcionó. Nada podía lograr que mi padre dejara de hacer lo que había planeado, especialmente cuando se trataba de leer. La lectura en voz alta era sagrada, tradicional, perenne. Yo apenas puedo recordar cuándo empezó a leerme, habíamos leído durante años antes de empezar oficialmente La Promesa; y por cierto, no podía imaginar cuándo dejaría de hacerlo. Y tampoco él.

En esos días, cuando me acurrucaba en mi *sleeping bag*, contando los minutos y hundiéndome más en él a cada tos o estornudo que sonara peligroso por parte de otro portador de una infección, aún leíamos. Por supuesto que aún leíamos. Esas cinco o más horas de lectura incesante e inevitable en la biblioteca no contaban. Él no me leía directamente a mí, y a sus ojos eso era inaceptable. Así que después de mi baño, justo antes de ir a la cama, iba por la muñeca Raggedy Ann que él me había regalado cuando yo tenía cuatro años. Parecía enorme, casi como yo, y se sentía pesada cuando estaba cansada, pero la hebra de color rojo brillante que enmarcaba su boca sonriente me hacía sentir mejor. Me deslizaba debajo de las cobijas junto a él con una caja de pañuelos desechables a mano. Estornudaba y tosía, y en ocasiones me hacía bolita en un intento de mantener mi cena en el estómago, pero leíamos. Leíamos, solos los dos, como siempre.

CAPÍTULO ONCE
DÍA 873

Observar con atención equivale
a recordar con claridad.

EDGAR ALLAN POE, «Los crímenes de la calle Morgue»

—Le aplicaron una gran capa de pintura y se desliza como un sueño —empezó mi padre cuando trataba de defender su compra contra la mirada sospechosa que le lancé por encima de mi desayuno.

La bicicleta tenía buen aspecto, pero cuando mi padre la trajo a casa tras comprarla en una venta de verano, yo sabía que necesitábamos hablar.

—Escucha, ¿sabes siquiera cómo andar en esa cosa? —le pregunté.

—Por supuesto que sé cómo andar en ella —dijo mientras la movía rápidamente a mi lado en dirección de la puerta del sótano.

—¿Y planeas andar en ella? Porque si solo va a estar almacenada debajo de la casa como las otras, en realidad debiste ahorrar el dinero.

Inclinó la cabeza como si no escuchara bien, sobre todo porque sabía que yo tenía razón. Él había crecido en la pobreza y, en general, tomaba cada compra con mucha seriedad. Si hay algo por lo que puedes hacer sentir culpable a mi padre es por gastar dinero.

—¿Cuánto te costó?

—¡Veinticinco apestosos billetes! ¡Una ganga!

—No es una ganga si no vas a usarla. Una vez que la pongas allá abajo, ¿volverá a subir? ¿Algún día esta «ganga» verá de nuevo la luz del día?

—Justo pensaba que, tal vez, podrías usarla tú. —sugirió con esperanza.

—Sabes que no tengo ni idea de cómo andar en bicicleta.

—Podríamos intentarlo después de que termines tu bazofia.

Ahí estaba de nuevo, su palabra favorita para la comida. Por lo general yo no le prestaba atención al término, pero como los nuevos platones de desayuno congelado que probábamos no eran particularmente atractivos, perdí rápidamente el apetito.

—Ya terminé, pero no estoy interesada en aprender. Vas a perder la paciencia, además me voy a caer y me abriré la cabeza.

Salió al pórtico un momento y regresó con un casco de color rosa brillante.

—También tengo esto —admitió tímidamente.

No tenía en absoluto deseos de andar en bicicleta. Había pasado doce años sin usar una y la había pasado bien. Mi hermana había aprendido, pero aun así no se le permitía dejar el camino de entrada. No estoy segura de qué pensaba mi padre que le podría suceder en nuestra calle aburrida, pero solo se le permitía ir hasta el buzón, darse la vuelta y regresar pedaleando. Cuando él lavaba el carro o rastrillaba la hierba, podía llegar a la orilla de la propiedad de al lado y pedalear de regreso, siempre y cuando no se quedara mucho tiempo en la calle. No es necesario decir que ella perdió el interés en andar en bicicleta a una edad temprana y que yo nunca desarrollé el mío. Pero sabía por qué significaba tanto para mi padre, así que lo dejé sostener la parte trasera de mi asiento mientras yo pedaleaba con inseguridad en círculos.

Sin embargo, eso no significaba que no pudiera tocar el tema.

—¿Sabes? No importa cuántas bicicletas compres de adulto, siempre serán tus bicicletas de adulto. Nunca será como si regresaras en el tiempo y te regalaras una a ti mismo en la época en que tenías diez años. Y darme una a mí tampoco cuenta, sobre todo si no la quiero.

Al parecer, el comentario lo estimuló en vez de disuadirlo.

—¿Conoces la historia de mi búsqueda de una bicicleta?

—Bueno, más o menos —dije mientras juntaba las cejas como si pensara profundamente. Por supuesto que la recordaba, pero me gustaba escucharle hablar sobre su infancia. Aunque él era magnífico para leer, pensaba que era aún mejor para contar historias de su propia vida. Pero tal vez solo era porque en el relato de su vida me agradaba más el personaje principal. Acabábamos de empezar la serie de Harry Potter; nos había dado curiosidad porque en ese momento era lo más popular en el mercado. Seguimos con esa lectura porque yo insistí. Comprendía completamente por qué Harry quería saberlo todo acerca de su padre y su madre. Yo tenía una ventaja sobre él, seguro, porque mis padres todavía estaban vivos y, por tanto, no eran tan misteriosos. Pero resultaba interesante imaginar que aquellas personas grandes eran como la gente pequeña, sin importar si habían sido horriblemente asesinados por Voldemort o seguían vivos y compraban grandes cantidades de bicicletas usadas. Y aunque mi padre nunca fue un gran mago, sus historias me parecían igual de interesantes. Harry me hizo apreciar esas historias aún más y yo estaba de humor para escuchar una.

—Tenías esa bicicleta que te traía loco, la que tus padres te dieron cuando eras muy pequeño, ¿verdad? ¿Una roja?

Fingí que en realidad creía eso, aunque lo acababa de inventar en ese momento. Mi padre negó con la cabeza como si sintiera pena por mí.

—Lovie, tus recuerdos son más alocados que los míos.

—Supongo que se me olvidó —dije. Sabía que él estaba enamorado de su historia.

Se aclaró la garganta, empujó fuerte mi asiento y mi velocidad aumentó un poco.

—Yo quería una bicicleta —empezó—. Y creo que tu tío Charles tenía una que Abuelito encontró a un lado del camino. Se la quedó porque era el mayor.

—Como la primogenitura —agregué para ayudarlo.

—Sí, porque él era el hijo mayor. ¿Aprendiste eso en la clase del señor C? Era algo así, pero se trataba de una bicicleta y no de un terreno, y nunca había pertenecido a mi padre. Así que, en realidad, no es lo mismo, pero aun así es un buen término que aprender.

Mi padre, que estudió historia porque el certificado de bibliotecario exigía un título adicional cuando estaba en la universidad, se sintió complacido.

—Pero Abuelito no encontró dos, ¿sabes?, y era implanteable pedirle una. Por supuesto yo no le habría pedido una.

Expulsó aire entre sus labios; tal vez se preguntaba si necesitaba recordarme por qué no podía pedir una. Pero me había contado las historias sobre la extrema pobreza de su familia: todos los días había sopa de verduras para la cena, no tenían agua caliente en la casa, dos camisas manchadas le duraron el primer año de preparatoria. A menudo eso bastaba para considerar el tema explicado. Él no pedía nada porque no lo habría conseguido.

—Así que, cada vez que los niños del vecindario iban a algún lugar, yo corría junto a sus bicicletas.

Me pregunté si se vería como ahora, trotando junto a mí mientras pedaleaba demasiado lentamente como para que tuviera que correr, observándome de cerca para ver si me inclinaba.

—Todos tenían una bicicleta menos yo. Supongo que no tenerla fue bueno para mi salud, corría mucho y eso me hizo destacar.

—Bueno, destacar no es tan malo —le recordé. Sabía que él apreciaba la individualidad, más que yo.

—No, destaqué de una mala manera. Cuando los *Cub Scouts* dijeron que harían un concurso para toda la ciudad y que el premio principal era una bicicleta, puedes imaginar lo entusiasmado que me sentí. Estaba decidido, absolutamente decidido a vender la mayor cantidad de chocolates. Eran dos por un centavo, chocolates grandes con relleno de crema de coco; quien vendiera más obtendría la bicicleta. Yo quería esa bicicleta.

—¿Pensabas que tenías oportunidad de ganarla?

—No lo pensaba. Si tenía un plan, era solo trabajar, trabajar y trabajar. No me puse a pensar mucho en lo que los demás harían, porque mi mente estaba concentrada en ganar el premio.

Se alejó de mí por un momento, pensando erróneamente que yo equilibraba mi propio peso. Me incliné hacia él y me atrapó; me enderezó sin hacer una pausa en el relato de su historia.

—Era el final del otoño y cada noche, después de la escuela, el clima era agradable, frío y con viento. El tipo de clima que hace que tu nariz te escurra todo el tiempo, ¿sabes? Bueno, la mía me escurría con ese frío. Engatusé a la abuela para que me dejara usar la bicicleta de Charles, a pesar de que no se me permitía tocarla porque no era mía, aunque él no la usara.

Entonces miró con nostalgia la bicicleta en que yo iba: parecía olvidar que esta, como las otras cinco en el sótano, era suya.

—Así que pedaleaba todos los días, después de la escuela, con esos chocolates en la canasta de la bicicleta, visitando cada casa en un radio de tres kilómetros; vendía los dulces de a dos por centavo. En esa época, la gente estaba en casa porque no había adónde ir. Yo salía todas las noches, trataba de deshacerme de esos horribles chocolates…

—¿Eran malos?

—No, en realidad eran sabrosos. No tuve la oportunidad de comer mucho de mi propio producto, pero recuerdo que sabían bien, así que debí de probarlos en algún momento. Sin embargo, toda la experiencia era desagradable, lo que hacía que los chocolates me parecieran malos.

—¿La gente compraba algunos?

—No muchos, pero yo seguía en ello. De todos modos, el tiempo para la venta se acabó y fui a la reunión de consejo como si fuera a encontrar mi destino. Allí había niños de toda la ciudad. La sala estaba llena, de verdad llena, con *Cub Scouts*.

—¿Cuántos?

—Por lo menos cien.

Siempre me preocupaba por preguntarlo, pero el número nunca cambiaba, de modo que sabía que no exageraba.

—Nos callaron a todos y el jefe de exploradores dijo: «¿Cuántos de ustedes han vendido más de cinco dólares?». Había muchos. Así que preguntó quién había vendido diez, y algunas manos bajaron, lo que era comprensible porque se trataba de dos mil chocolates. Luego,

96

dijo quince dólares, y ese fue un golpe fuerte. Pero cuando preguntó quién había vendido veinte o más, todo quedó entre otro niño y yo.

Quería detenerme para escuchar esa parte porque era el clímax y ya tenía problemas para permanecer derecha, pero no sabía cómo frenar y no quería interrumpirle para pedírselo.

—Así que el jefe de exploradores me miró a mí y luego al otro niño; me preguntó primero cuánto había vendido. Con orgullo le dije la verdad: veintitrés dólares y sesenta centavos. Luego se volteó hacia el otro niño y le preguntó cuánto había vendido; el niño dijo que veinticinco y algo.

Por lo regular, en este punto mi padre describía cómo su corazón se hundió al mirar cómo se alejaba la bicicleta con el otro niño montado en ella. Pero aquella vez solo me miró en la nueva bicicleta. Yo esperaba que no me imaginara como el niño que recibió el premio por el que él se había esforzado tanto.

—¿No había un segundo premio?

—Ni siquiera una regla. El otro niño obtuvo la bicicleta y yo no recibí nada.

Aquí tuve que confesarle que ya conocía la historia.

—Pero en realidad él no la merecía, ¿verdad?

—No puedo asegurarlo. Sin embargo, años después descubrí que el niño era el hijo del jefe de exploradores y que tenía reputación de perezoso. Y entonces, cuando lo piensas, ¿no parece sospechoso que el jefe de exploradores me hubiera preguntado a mí primero cuánto había vendido? ¿No crees que su hijo iba a decir cualquier cantidad que fuera mayor? En ese momento pensé que el tipo en realidad había trabajado más que yo. Pero visto desde ahora, creo que es casi imposible. De cualquier manera, todos tomarían por cierta la palabra de su papá. No creo que esa bicicleta hubiera estado disponible como premio alguna vez. Siempre supieron quién la obtendría. No lo sé, pero es lo que me dice mi instinto.

Era improbable que mi padre, por lo general un poco cínico, le diera el beneficio de la duda a alguien que podría haber sido corrupto.

Pero cada vez que escuchaba la historia e imaginaba al niño y a su padre, el jefe de exploradores, yo tampoco confiaba en ellos. Pedaleé más rápido para sacudírmelos de encima.

—Luego empecé a soñar que tenía una bicicleta. Podía verla con claridad en mis sueños. Era de color verde mar, con llantas de banda lateral blanca, una luz al frente que podía encenderse y apagarse, y borlas en los extremos del manubrio. A menudo tenía esos sueños, varias veces a la semana, cada semana. En mis sueños veía la bicicleta por la ventana, era una Schwinn.

—¿Y luego qué sucedió? —pregunté muy sonriente.

—Y entonces ese año, en Navidad, ¡mis padres me dieron una bicicleta! Fue en la mañana de ese día; estaba justo debajo del árbol. Era exactamente como la había visto en mis sueños. Así exactamente.

Siempre me caían las lágrimas.

—¿Y le habías descrito tu sueño a la abuela?

—¡No! No, que yo recuerde. A menos que hablara mientras dormía.

—Fue como un milagro de Navidad.

Sonrió y se encogió de hombros. Y mientras movía su brazo, finalmente perdí el equilibrio y caí de lado sobre el pavimento.

—¡Mona tonta! —Reía mientras me levantaba.

Yo tenía las rodillas raspadas y la historia se había terminado.

—Sigo pensando que no quiero aprender a andar en bicicleta —confesé.

—Está bien, de todos modos es probable que te rompas el cuello.

—Pero este es un buen par de ruedas. Y no creo que haya sido un desperdicio de dinero —concedí.

Después de escuchar su historia una vez más, me sentí horrible por haberlo regañado antes.

—Gracias por tu permiso para gastar mi dinero —dijo mientras hacía una reverencia como si estuviera ante una reina.

—Pero creo que debes prometerme —dije, al tiempo que me quitaba el casco— que si alguna vez tengo un hijo y quiere una bicicleta, tienes que darle una de las del sótano. La mejor.

Sus ojos se iluminaron.

—Oh, estoy seguro de que sí.

—Y tal vez debes comprar unas cuantas más, para que él pueda elegir.

—Sí, Lovie —dijo mientras poníamos la bicicleta junto a sus cinco hermanas—. Creo que una vez más tienes razón.

CAPÍTULO DOCE
DÍA 1,074

La poesía no necesita
arreglar la realidad, Lou.
Solo necesita ser lo que es.
Arreglarla depende de nosotros.

DAVID BALDACCI, *Buena suerte*

—No comprendo a qué le tienes miedo en realidad, y no puedo ayudarte si no lo comprendo —dijo mi padre desde la puerta abierta de mi habitación tal vez por quinta ocasión esa noche.

Señalé la litera de abajo sin decir palabra, insistiendo tácitamente en que revisara de nuevo.

—¿Qué estoy buscando? ¿Qué temes encontrar ahí? ¿Su fantasma o su espíritu?

—No me hagas decirlo —susurré—. Si lo digo, es más probable que se vuelva realidad.

—Bueno, entonces no tiene sentido que me pidas que entre. No sé lo que estoy buscando. Te diré lo que hay ahí: una pila desordenada de cobijas. ¿Tienes miedo de tender tu cama? ¿De eso se trata? Porque eso es lo que parece, a juzgar por cómo se ve

Hay pocas cosas peores que el hecho de que no te tomen en serio cuando estás asustada, y era más de lo que podía soportar. A los doce años, aquello no debía ser un problema. Pero lo era y lo había sido el tiempo suficiente como para que él lo supiera. Por fin, lo solté antes de que él empeorara la situación:

—Tengo miedo de que el cadáver de Kennedy esté en la litera de abajo. ¡Lo sabes! ¡Revisas todas las noches! ¡Solo dime si está allí!

—Lovie, ¿te estaría hablando tan tranquilo si el cuerpo de un expresidente estuviera en la litera? ¿No crees que yo ya estaría abajo, llamando a los vecinos para que vinieran a ver? —preguntó.

—No, no lo harías porque es increíble. Eso es lo que más me asusta. Serías como el niño que grita que ahí viene el lobo. Nadie creería siquiera que ese cadáver estuviera en nuestra casa —dije.

—Creo que sería un asunto de seguridad nacional. Probablemente tendríamos que responder muchas preguntas. Y yo me confundiría cuando tuviera que responder porque mi audición es muy mala. Así que, por mi seguridad, ¿crees que podrías mantener alejado su cuerpo solo por unas noches más?

—Si lo pudiera mantener lejos, no sería por tu seguridad —susurré a través de las sábanas.

Es necesario ser cierto tipo de niña para desarrollar un miedo paralizante, que cambie tu vida, al cadáver de John F. Kennedy. No estoy segura de lo que hicieron mis padres para crear a una niña de ese tipo, así que no puedo decirte cómo replicar el resultado. Sin embargo, recuerdo cómo empezó y no es particularmente aterrador.

Nunca tuve una hora de dormir. «Si te despiertas mañana y estás cansada, sabrás que te fuiste a la cama demasiado tarde», ese era el lema de mi papá, así que me tomó años imaginar cuál sería el mejor horario para mí. Una noche en particular, tal vez cuando tenía unos ocho años, me dormí muy temprano y tuve una pesadilla. En el sueño, estaba en el patio de recreo de mi primaria, lanzando una gran pelota roja con mis amigos. Entonces mis compañeros desaparecían y yo empezaba a caminar de regreso a la escuela. Noté que alguien me seguía y al girarme me di cuenta de que era el expresidente John F. Kennedy. Le dije que no me siguiera al interior de la escuela, porque él era un adulto y además estaba muerto, y aquella era una escuela para niños que estaban muy vivos. Pero aun así caminó detrás de mí, sin decir palabra, con aspecto triste y un poco solitario. Me sentí mal por no dejarlo entrar y también me asustó que él no me pudiera escuchar. No me gustaba que me siguieran.

Desperté del sueño, que debió ser corto porque todos en mi casa aún estaban despiertos y haciendo sus cosas. Bajé las escaleras para ver a mi papá y relatarle el sueño, pero él parecía distraído. Estaba ocupado organizando papeles y necesitaba concentrarse. Para tranquilizarme sin ocupar su tiempo, fue al mueble donde tenía los videos y seleccionó un documental acerca de Kennedy que lo mostraba como un hombre dulce y preocupado por los demás. Pensaba que eso me ayudaría a comprender que John F. Kennedy no me haría daño aunque pudiera. Sin embargo, se le olvidó el final de la película: un montaje de quince minutos sobre el asesinato y el funeral del expresidente. Era oscuro y hasta espeluznante, porque las tomas estaban en blanco y negro. La muerte a escala nacional era algo demasiado grande para una niña tan pequeña. Corrí escaleras arriba y me hundí en mi cama. Así nació una kennedyfóbica.

Para ser completamente justa, al principio no era la propia persona a la que le temía. Le tenía miedo a su cuerpo muerto, y de alguna manera me había convencido de que aparecería una noche en la litera de abajo, arreglado y listo para el funeral. No sé cómo desarrollé esa idea, y me siento feliz de decir que hoy me hace reír. Sin embargo, entonces era un asunto muy grave y serio.

Todas las noches, recorría un enorme y penoso camino para evitar el cuerpo. Al principio trataba de ir a la cama mientras aún había luz afuera, pero como era invierno eso solo me daba una hora, más o menos, desde el momento en que llegaba de la escuela. Y si iba a la cama temprano, significaba que me despertaría temprano, cuando aún estuviera oscuro. Así que la oscuridad era inevitable. En cambio, trataba de encender todos los focos de mi cuarto y dormir con luz. Mis padres ni siquiera me gritaban, pero al final el foco de mi cuarto se fundió y no era lo bastante alta como para reemplazarlo. Mi papá sí lo era, pero pienso que tomó la decisión consciente de no hacerlo. A medida que crecía, al contrario de lo que esperaban mis papás, el miedo se acrecentó. Cuando iba en la secundaria, evitar el cuerpo muerto de JFK, que obviamente estaba acostado en la litera de abajo, era el eje de mis noches.

Metía en esa litera a uno de mis gatos y lo dejaba allí, no como sacrificio sino como guardia. Los gatos eran muy valientes. Luego yo trepaba a la litera de arriba de un gran salto, poniendo mis pies solo en el escalón intermedio de la escalera. Por supuesto, si el cadáver de JFK iba a tratar de jalarme desde abajo, tendría una oportunidad valiosa de hacerlo mientras subía.

Quería hacerle saber que conocía sus trucos. Una vez que llegaba a la litera superior, miraba abajo y pedía refuerzos cada media hora, hasta que todos menos yo se quedaban dormidos; es decir, necesitaba a alguien que se asegurara de que él no se estaba ocultando allí.

El miedo pronto se desplazó del cuerpo muerto de JFK a JFK en general, incluidas fotos o citas relacionadas con él. Así que me causó gran terror saber que mi padre, poco después de que mi madre se fue de casa, planeaba un viaje familiar para mi hermana y para mí, y una de las visitas sería a la biblioteca en memoria de JFK. Él trató de convencerme de que me gustaban las bibliotecas más de lo que le temía a JFK. Tuve que señalarle que él no conocía a su propia hija, y que ya la habíamos visitado antes: no era solo una biblioteca. No, era peor: era un museo lleno de cosas que Kennedy había usado, desgastado o tocado. También había otras que habían pertenecido a Jackie Kennedy, me recordó mientras trataba de separar mis uñas de la puerta del museo; además, había cosas de moda, como trajes y sombreros. Yo no tenía interés en la moda. Mi interés estaba en autoprotegerme. Llegué hasta donde estaba el busto de Kennedy, brillante y dorado para crear un falso sentido de seguridad, antes de retirarme llorando a la tienda de regalos. Las personas me miraban; me preguntaba qué pensarían. Encontré una banca en la sección de libros y traté de estabilizar mi respiración.

Después de tres tensas horas, por fin escuché que mi hermana y mi papá reían de algo mientras se acercaban. Me encogí en la esquina de mi banca y coloqué las rodillas contra mi pecho, abrazándolas, un acto que siempre me había imaginado que me hacía parecer más grande, como un gato enderezando su cola y erizando su pelo. Kath tomaba el papel de madre cuando no había otras mujeres, y me di cuenta, mientras sus ojos se suavizaban, de que íbamos a tener uno de esos momentos. Sintiéndose genuinamente mal por mí, se sentó cerca, en la banca de detrás, palmeándome la espalda y diciéndome que todo estaba bien. Era hora de ir a otro lugar, me recordó; lo peor ya había pasado. Me gustaba su técnica. Y como éramos quiénes éramos, mi padre puso en práctica lo que usaba para arreglarlo todo: leer en voz alta. Tomó un libro de una repisa cercana. Yo estuve viendo el libro con curiosidad porque no parecía concordar con los demás. No había un retrato en blanco y negro de la familia Kennedy en la portada; en cambio, a juzgar por la ilustración, el libro parecía tratar sobre una cabra.

—*Billy Whiskers* —dijo mientras abría el libro en una página al azar—. Mencionaron durante la presentación que este era el libro favorito de JFK cuando era niño. Parece que no es malo, y está de oferta. ¿Lo compramos a ver si nos gusta?

Negué con la cabeza y miré a lo lejos, pero de todos modos terminé viendo de nuevo la cabra de la portada. En un entorno tan aterrador, no parecía tan mala. Había sido mi aliada durante la espera, la única cosa en la tienda que, hasta donde sabía antes de que mi padre lo arruinara, no tenía nada que ver con John F. Kennedy. Ahora me sentía mal por dejarla atrás para defenderse sola en aquella casa de horror con fotografías de personas sonrientes.

—Está bien —dije, más al libro que a él—. Supongo que podemos ver si nos gusta en vacaciones. Pero sé lo que estás haciendo, y probablemente no va a funcionar.

Lo que estaba haciendo, específicamente, era tratar de usar La Promesa como una solución al problema. Era algo que hacía con frecuencia, aunque no recurría a ello intencionalmente. Solo eran tendencias: después de que mi madre se fue de casa, leímos historias acerca de jóvenes sin madre. Cuando me hacían *bullying* en la escuela, leíamos sobre niños que actuaban con más inteligencia que sus némesis, en lugar de recurrir a las peleas con los puños. Y ahora, tal vez porque no había libros acerca de niñas de secundaria con fobia a JFK, estaba recurriendo a la creatividad.

Llevamos el libro de regreso al hotel y pasamos *El dador de recuerdos* de Lois Lowry a la maleta de mi padre. El relato de un joven que era responsable de toda la historia de su pueblo resultaba intrigante, y el mundo futurista en que vivía parecía increíblemente creíble. Estábamos empezando a ver los defectos del mundo supuestamente utópico y nos habíamos quedado muy cerca del final, lo que me hizo rogarle que siguiéramos leyendo un poco más. Eso dificultó aún más dejar el libro a un lado y escoger *Billy Whiskers*, así que enfrenté la experiencia con cierta parcialidad. Pero solo estábamos pasando dos días fuera de casa, y mi padre y yo acordamos que, si nos gustaba lo suficiente el nuevo libro, seguiría leyéndolo por mi cuenta y retomaríamos *El dador de recuerdos* en cuanto regresáramos.

No recuerdo mucho de *Billy Whiskers*. Debió de ser decente, porque seguí leyéndolo una vez que volvimos a casa. Pero el problema era que no había un lugar seguro donde disfrutarlo. Mi lugar favorito para acurrucarme con un libro era la cama. Incluso había construido una repisa rudimentaria que sostenía una pequeña lámpara y un separador de libros, de modo que podía leer hasta que me diera sueño sin tener que saltar de la litera superior para apagar las luces. Sin embargo, no podía llevar *Billy Whiskers* allí. Si JFK sabía que estaba leyendo su libro favorito, querría venir a verlo por sí mismo. Si dejaba el libro en cualquier lugar del cuarto, para el caso, se detendría a leerlo mientras yo estaba dormida. Peor aún, podía pasar a leerlo mientras estaba despierta.

Traté de guardar el libro en el sótano, pero decidí que también era una mala idea. Era lo mismo que ofrecer una tentación: sería como poner queso en la puerta y luego preguntarse por qué siempre vienen tantos ratones de visita. Al final de cuentas, no tuve otra opción que ponerlo en secreto en la caja de objetos perdidos de la escuela.

Hay algunas cosas que la lectura, o La Promesa, no podía corregir. *Billy Whiskers* no fue, para sorpresa de mi papá, la solución a mis miedos. Aun después de deshacerme de él, pensaba que JFK tendría la capacidad de oler la tinta en mis manos. Esa noche me lavé las manos en el baño con el mismo celo que habría puesto Lady Macbeth. Corrí a mi cuarto a toda velocidad, esforzándome por pasar por la litera de abajo sin mirarla, nublando mi vista para evitar siquiera ver de reojo. Salté arriba y miré alrededor, sintiéndome un poco segura desde mi punto de observación. Leí durante una hora o dos, forzándome a no dormirme hasta que sintiera como si mis cejas cayeran hasta mi nariz. Un poco después de medianoche, mi padre me gritó que apagara la luz, porque brillaba directamente en su cuarto, o que cerrara mi puerta. Por supuesto, no podía cerrar la puerta: eso significaría salir de la cama. Si lo hacía, tendría que empezar de nuevo la rutina, así que una vez más observé desde un lado de mi cama antes de apagar la lámpara, jalando las cobijas sobre mi cabeza y doblando mis pies debajo de mí para que no pudieran colgar por los lados.

No pude apreciarlo entonces, pero se requiere creatividad para permanecer en la cama entre escalofríos y temblores, preguntándote si tus gatos sabrán defenderte, no contra los fantasmas o el coco, sino contra el cadáver inmóvil de uno de los más famosos y amados expresidentes de Estados Unidos. Gracias a La Promesa y a mi papá, no me faltaba imaginación.

CAPÍTULO TRECE
DÍA 1,206

Con fuerza cierro los ojos y trato
de borrar ese recuerdo, pero se repite
una y otra vez en mi mente.
Y lo más extraño es que ni siquiera
recuerdo sobre qué era la discusión.

KIMBERLY WILLIS HOLT,
When Zachary Beaver Came to Town

Mi padre no es un hombre afectuoso; cuando era bibliotecario les decía a sus estudiantes que no lo tocaran, les advertía que su piel era venenosa. Los pequeños de jardín de niños parecían aceptarlo como algo normal, pero los estudiantes mayores a menudo se preguntaban por qué no podían darle un simple abrazo a su maestro favorito. No le gustaba que lo tocaran y no quería tocar a otras personas. Después de los conciertos escolares o de las ceremonias de premiación, veía que otros padres abrazaban y en ocasiones hasta besaban a sus hijos. Mi padre consideraba que meter un dedo en mi pelo y rascar mi cabeza por un instante con su uña agrietada, como si me ayudara a superar una comezón de la que no me podía liberar, era una demostración de cariño atrevida y casi exagerada. Si el acontecimiento requería semejante gesto, lo hacía rápidamente y luego se separaba varios metros. Sin embargo, no lo recuerdo así siempre.

Antes de que empezara La Promesa y durante los primeros años, tenía un lugar asignado para la Lectura de Primera: protegida en el hueco del brazo de mi padre y volteada a un lado de modo que no podía ver las páginas. Una vez que aprendí a leer, él lo hizo de manera consciente para asegurarse de que seguía la lectura; daba lo mejor de mí para ser una buena escucha. Quedaba a unos centímetros de su oído, de modo que él detectaba cualquier ruido que hacía. Sin embargo, si el capítulo avanzaba con mucha lentitud o si mi mente divagaba, no era el mejor público. Cuando era más pequeña y me esforzaba por portarme bien a pesar de la distracción, masticaba mi pelo, que se amoldaba perfectamente a mi boca; además, el champú que usábamos sabía a durazno. Masticaba y masticaba sin que mi padre lo notara, pero si de verdad empezaba a poner atención al libro y distraídamente dejaba caer el cabello, sí que llamaba su atención.

—¿Qué es esa cosa húmeda en mi brazo? —preguntaba molesto por tener que interrumpir la lectura.

—¿Eh? Creo que estornudé.

—¿De nuevo te mordías el cabello? Ya parece un nido de ratas. Tampoco es necesario que se note que lo has estado royendo.

Y entonces, como yo no quería que él notara el pelo húmedo sobre su brazo, tenía que esconderlo en algún lugar; casualmente mi boca era un gran escondite.

Sin embargo, otras noches no estaba tan callada. Por ejemplo, cuando estaba ensayando una canción en el coro, terminaba por tararear mi parte sin darme cuenta. Peor aún, era especialmente sensible a las discusiones con mi hermana y mi madre, y en ocasiones sollozaba abiertamente durante la lectura. Él nunca sabía cómo responder a eso, sobre todo porque los problemas que me afectaban nunca eran particularmente importantes. Yo podía manejar situaciones muy adultas con gracia, pero odiaba pelear o que me regañaran, y seguía molesta horas después.

—Lovie, ¿estás llorando? —preguntaba con incomodidad.

—S-s-sí.

Se agitaba un poco. Las demostraciones emotivas eran casi tan difíciles para él como las de afecto.

—¿Podrías decirme por qué?

Nunca exigía una respuesta, ni por curiosidad. Yo podía contarle o no.

—M-m-m-mamá me gritó. Dice que no puedo hor-ne-a-a-ar en su departamento porque hago un t-t-t-tiradero.

—Estoy seguro de que así es. Pero puedes hornear aquí, si quieres.

—No tenemos platos ni charooooolas.

—Bueno, al diablo contigo.

Eso me hacía llorar aún más, aunque lo decía de broma.

—¿Hay algo más que quieras decirme?

Yo demoraba la lectura y lo que decía no tenía mucho sentido.

—N-n-n-n-no —murmuraba, acomodada en su brazo y metiendo el cabello en mi boca.

Cuando lloraba durante nuestra lectura, siempre era por un problema con otra persona. Me costaba trabajo decirle a mi padre cuando era él quien hería mis sentimientos. Me sentía enferma y avergonzada, sobre todo porque él raramente venía y se disculpaba por lo que hubiera dicho para molestarme. Así que, cuando sus comentarios eran realmente punzantes, tomaba un baño largo y lloraba a un volumen apenas más bajo que el sonido del agua que caía; me ocultaba hasta que podía controlar por completo mis emociones. No tenía caso llorar durante la lectura si él era la causa de las lágrimas. Entonces tendríamos que hablar de ello; sería extraño.

Pero una noche, cuando yo tenía doce años, tuvimos una especie de discusión justo antes de subir a leer. Ahora me molesta no poder recordar nada de la pelea, lo que me hace pensar lo insignificante que debió de ser. Cuanto mucho hubo un manotazo, pero fue antes de la Lectura de Primera y no había tiempo para tomar un baño, así que no pude expulsar el llanto de mi sistema. Cuando me dirigía escaleras arriba, poco después que él, sentía que la cara me ardía y que tenía la garganta cerrada. Me vi obligada a tomar aire para no marearme; respiraba con un sonido fuerte y doloroso. No recuerdo si me sentía enojada o triste por la discusión, tal vez ambas cosas, pero sabía que estaba a punto de soltarme a llorar y me negaba a dejar que mi padre viera lo molesta que me había puesto. Consideré decirle que me estaba saliendo sangre por la nariz o inventar algún pretexto para no entrar en su habitación, sollozar durante unos momentos y volver, cansada pero capaz de estar en el mismo cuarto que él. Sin embargo, no había tiempo para eso porque la lectura se hacía poco antes de su hora de dormir y tratar de retrasarla podía causar otra pelea. Entré, pero no estaba de humor para la rutina habitual.

Mientras cruzaba el cuarto tomé una almohada de nuestra pila de ropa de cama sobrante. Me trepé en su cama y planté la almohada firmemente en el rincón más alejado de él, donde mi madre solía acostarse cuando vivían juntos. Él no pareció notarlo, así que enfaticé mi postura al tomar las cobijas de alrededor y enrollarme en ellas dándole la espalda. Escuché que movía la cabeza y entonces debió de verme.

Hubo una larga pausa. Podía sentir sus ojos en mi espalda; esperé a que dijera algo. ¿De veras me gritaría, me ordenaría darme la vuelta y poner la cabeza en su brazo? No sería propio de él exigir afecto o incluso reconocer que se había vuelto la norma. El silencio y su mirada hicieron que mis orejas ardieran. Mordí con fuerza mi cabello, sabiendo que él no podía verlo. Si había estado triste, ahora me sentía furiosa y lo dejaba bien claro. Él respiró hondo, como si fuera a decir algo. Arrugué la cara lo más que pude, decidida a defender mi posición sin importar lo que él dijera. Pero entonces cerró la boca, respiró profundamente, abrió el libro y empezó a leer.

No había esperado que él no hiciera comentario alguno, aunque debí de suponerlo. Ninguno de los dos tenía nada que decir ni nada que quisiera decir; ignorarlo ni siquiera era ajeno a nuestro carácter. La lectura empezó más rápido de lo normal y sospeché que estaba tan molesto como yo. Nunca romperíamos La Promesa intencionalmente, ni siquiera mi lado rebelde consideró esa opción, solo queríamos que la lectura pasara lo más rápido posible para que pudiéramos retirarnos a nuestras respectivas esquinas y percibir nuestras propias emociones.

Lo que parecía un capítulo de veinte minutos tomó quince, pero ese tiempo fue uno de los más difíciles de La Promesa. Desde el momento en que puse la almohada en el lado opuesto de la cama supe que nunca regresaría. Ya era una preadolescente y mis amigos pensaban que era bastante extraño que mi padre aún me leyera todas las noches. Nunca les conté que escuchaba acurrucada y descansando sobre él porque así sentía cómo las palabras vibraban a través de su pecho. Eso habría sonado muy extraño, sobre todo para una familia que no se daba abrazos. Ahora que estaba recostada lejos de él, parecía lógico utilizar, por fin, algo del espacio de la cama *queen size*. Una niña de doce años en su propio lado de la cama, con su propia almohada. Y además, aunque al día siguiente quisiera regresar a su brazo, ¿cómo iba a hacerlo? Parecería una disculpa o una tregua, y no estaba lista para ninguna de las dos. Nunca llegaría el momento adecuado para regresar. Tenía un nuevo lugar de lectura.

Pero, mientras estaba recostada allí considerando todo eso y me aseguraba de sacar todo el sabor a durazno de mi pelo, me di cuenta de que era mucho más triste que la propia pelea; dolía y yo necesitaba espacio. No podía solo darme la vuelta, acurrucarme contra él y fingir que nada había pasado, pero estaba consciente, dolorosamente consciente, de lo que perdía en ese momento. Casi no teníamos contacto físico, sin excepción. Masticar mi pelo entre su codo y su brazo era la única cercanía que teníamos, pero era mucho más de lo que la mayoría de los padres se acercaba a sus hijas casi adolescentes. Abandonar mi lugar significaba perder la única oportunidad que mi padre tenía de ser tocado por otra persona.

Nadie trataba de abrazarlo ya, porque sabían que él no lo permitía. De alguna manera, había retenido mi lugar durante años sin mencionarlo. Al retirarme atraje la atención hacia él de repente y nos hizo pensar, supongo, lo extraño que era que esa tradición hubiera durado tanto tiempo. Era algo en lo que ninguno de los dos había reparado siquiera y ahora que reflexionábamos sobre ello parecía extraño y forzado; aunque nunca lo había sido, lo sería desde entonces.

Me orillé; me sentía enojada y culpable al mismo tiempo. Si no me hubiera gritado, ahora yo descansaría en su brazo y tal vez ninguno de los dos se habría dado cuenta de lo extraña que era la tradición hasta que yo tuviera quince o dieciséis. Habría tenido varios años más de oler sus playeras de suave algodón y de morder mi pelo sobre su brazo, pero lo arruiné o él lo arruinó, y ya no podíamos regresar a eso. Hundí mis uñas en mis rodillas, debajo de las cobijas, en un esfuerzo por contener mis lágrimas, pero brotaron rápidamente, empezaron a escurrir hacia mi mentón y cayeron en las cobijas. Traté de no producir ningún sonido, pero tenía que pestañear tan rápido que el solo hecho de mantener las lágrimas fuera de mis pestañas hacía ruido, un ruido húmedo y triste, que parecía mucho más clamoroso que la voz de mi padre. Y sabía que mi respiración se volvía aún más irregular. Odiaba llorar delante de él por algo que tenía que ver con él, lo odiaba profundamente, pero si no podía evitarlo, al menos trataría de ocultarlo. Estornudé con fuerza; esperaba que él pensara que mis lloriqueos eran por una simple gripa.

Cuando terminó de leer, puso el libro bocabajo a un lado de la cama, y tan solo se recostó allí en silencio. Creo que quería que yo dijera algo, pero en cambio me cubrí la cara con mi pelo húmedo y salí rápidamente del cuarto. Quería disculparme porque necesitaba ir al baño, pero lo olvidé mientras pasaba de prisa junto a él en dirección al corredor. Quería ir a mi cuarto y meterme bajo las cobijas, pero estaba demasiado cerca de la suya, de modo que una vez más me abrí paso hasta la tina. Esa vez, la presión del agua era especialmente baja, de modo que se llenó con mucha lentitud, lo que significaba que tendría mucho tiempo para sacar mis emociones. No podía recordar la pelea con claridad. Sobre todo recordaba el silencio. Él quería decir algo y quería que yo dijera algo, pero como ninguno de los dos confesaríamos que nos sentíamos heridos, no me quedaba nada más que tomar un largo y triste baño y sentirme horrible por lo que yo había hecho.

Como imaginé aquella noche, nunca encontré el camino de regreso a su brazo. Pensé en hacerlo la noche siguiente, pero se habría parecido más a una muestra de algo y me asustaba que él quisiera hablar de lo que había ocurrido la noche anterior. Me sentía más cómoda en mi lado de la cama, al menos por un tiempo. Una vez que pasaron una o dos semanas, él dejó de esperar que me acercara. Mantenía sus brazos a los costados. Al parecer, ya no había un lugar para mí y me sentía demasiado mayor para pedirle que me hiciera un hueco. Así que me quedé donde estaba, extrañando la cercanía pero todavía escuchando.

Yo escuchaba y él leía; de alguna manera hicimos que funcionara.

CAPÍTULO CATORCE
DÍA 1,384

Así crecimos juntas, como una doble cereza
que parece separada, pero que guarda
unidad en su división: dos hermosas frutas
moldeadas sobre un tallo.

WILLIAM SHAKESPEARE, *El sueño de una noche de verano*

El día en que mi hermana se fue a la universidad fue poco memorable. Parece que debería haber algo que recordar, porque fue un acontecimiento importante, pero no hay una gran historia detrás. No se presentó una escena emotiva ni una charla de corazón a corazón la noche anterior. Ya éramos buenos para las despedidas; esta ni siquiera fue destacada. Solo una más, como el resto. Todo empezó años antes.

Kath quería irse incluso desde antes de haberse graduado de la preparatoria, y no podíamos detenerla. Sinceramente, mi hermana no tenía mucho que extrañar al alejarse de casa, aparte de la familia. Estábamos viviendo en condiciones de tensión. Mi padre quería evitar que nos endeudáramos y mantener a la familia mientras ahorraba para la educación universitaria y conservaba la casa: una combinación casi imposible con un salario de maestro. Sobrevivimos, pero no con comodidad. Mi guardarropa de regreso de la escuela consistió, un año, en una playera anaranjada, una talla más grande y extrañamente manchada, que encontré en una rebaja. Durante algunos años nos la pasamos sin comer nunca afuera, y hasta el ocasional agasajo de dos artículos por cabeza del menú de a dólar de McDonald's era suficiente para hacer que mi hermana y yo nos miráramos con los ojos saltados, preguntándonos qué había llevado a papá a hacer ese gasto frívolo. Él no era tacaño; estaba haciendo lo que pensaba que funcionaría. Y todo esto, junto con la separación de nuestros padres, dejó las cosas en casa casi tan tensas y extrañas como cuando todos estábamos peleándonos bajo el mismo techo. No era peor que en otras familias. Para mí, no estaba mal en absoluto. No había una razón para irse.

No fue por eso que mi hermana se fue. Ella quería ver el mundo y era muy buena con los idiomas. Yo pensaba que los inventaba, que los arrancaba de la nada e hilaba sonidos para crear palabras que de alguna manera los demás entendían. Una noche, cuando yo era muy pequeña, ella se sentó en el mueble del baño mientras yo estaba en la tina, enseñándome frases que juraba que yo podía decirle a alguien, que me comprendería por completo, a un millón de kilómetros de distancia. Yo me reía de todos aquellos ruidos extraños. De modo que cuando anunció, en la época en que yo iba en la secundaria, que quería ser una estudiante de intercambio en el extranjero, mi padre y yo no nos sorprendimos en absoluto. Ya habíamos tenido una estudiante de intercambio durante dos semanas, y pensábamos que era una buena experiencia. La animamos para que se fuera. Hasta que nos enseñó el folleto: era un programa de un año, sin visitas de los padres ni descansos para regresar a casa, ni siquiera en Navidad.

—¿Un año? ¿Qué harás en Alemania durante todo un año? —pregunté.

—¿No va a ser caro? —preguntó mi padre—. Sabes que no tenemos dinero.

Mi hermana explicó que era gratuito para los estudiantes aprobados, y yo dejé claro con firmeza que no quería que la aprobaran. Se sintió lastimada, pero yo no podía dejar que se fuera. Entre mis abuelos, que se estaban muriendo, mi madre, que se había mudado, y mi hermana, que se iba, de pronto sentía como si estuviera perdiendo a todos. Kath era una presencia estable, tranquilizadora, aunque me jalaba de los pelos y se burlaba de mí enfrente de mis amigos. Cruzaba los dedos para que su entrevista saliera mal.

Por supuesto, aquella niña que más tarde iría a estudiar a Yale y obtendría un trabajo gubernamental competitivo gracias a sus habilidades para los idiomas, salió excelente en su entrevista y obtuvo la beca. Se iría a Alemania durante un año, con todo pagado excepto los gastos corrientes. Mi papá prometió darle lo que tenía, que no era mucho. Me sentí como Tiny Tim, el personaje de *Cuento de Navidad* de Charles Dickens, cojeando detrás de ella y tratando de convencerla de que, aunque no teníamos dinero, nuestra vida no era tan mala, y nuestra familia necesitaba estar unida entonces más que nunca. No tenía nada que ver con eso, o con nosotros, pero sentía que era así. Ni siquiera podía empezar a imaginarme la vida sin ella.

La llevamos en coche a su orientación en Washington, D. C., sabiendo muy bien que regresaríamos sin ella. Tocamos sus CDs favoritos en el carro, y puse mi cabeza sobre su hombro. Yo deseaba que tuviéramos un accidente; nada grave, solo lo suficiente para que nos retrasáramos y llegáramos tarde, de modo que el director del programa se enojara con ella y le dijera que se quedara en casa. En realidad llegamos varias horas antes. Mi padre siempre llega temprano a todo, sobre todo cuando quiere dejar una buena primera impresión. Nos detuvimos en nuestro hotel para que papá y yo nos registráramos y dejáramos nuestras maletas, pero mi hermana conservó las suyas en el automóvil y las llevó con ella. Iba a ser demasiado rápido. Las cosas se volvieron borrosas y llenas de ruido.

El centro de convenciones donde mi hermana se reunió con su grupo de orientación era adorable. Tenía ventanas impactantes, de piso a techo, y tapices de terciopelo. Los pisos eran de mármol pulido que resonaba, de manera apreciable, cada vez que era saludado por la gracia profesional de unos tacones altos. Admití con renuencia que el programa había hecho algo bien. Pero el hermoso entorno no me hizo distraerme del hecho: iban a apartar a mi hermana de mí durante un año entero. ¿Para qué necesitaban a Kath? Ella era una estudiante excelente y una gran representante de nuestro país. Todo eso estaba bien, claro, pero había otras muchas personas así. Yo la necesitaba más. No dejé que la antesala me impresionara.

Se programaron algunas actividades de presentación para que los estudiantes conocieran mejor a sus compañeros y sus familiares. Nos animaron a reír, lanzar sonrisas y contar bromas tontas, lo que parecía absolutamente injusto. Nadie estaba de humor para ello: los estudiantes se sentían demasiado nerviosos y los padres demasiado tristes. En realidad, todos estaban tristes. Ellos trataban de imaginar que nosotros estábamos entusiasmados. No creo que ni una sola persona lo estuviera. Tal vez los estudiantes se entusiasmarían un poco después de que nos fuéramos. Los familiares nunca lo lograron. Se supone que las actividades iban a durar más tiempo, pero se volvieron muy lentas y por fin se detuvieron. Todos se preguntaban qué vendría después. Cuando alguien se paró frente a nosotros para hablar, pude ver la tensión en la cara de mi papá. Contuvimos la respiración y nos preguntamos si aquello era todo.

—Muy bien, todos, es hora de las despedidas —dijo la mujer que dirigía el programa con una gran sonrisa, como si estuviera diciendo que era hora de comer pastel y helado.

—¿Despedidas? —preguntó un padre cerca de nosotros—. ¿Qué significa eso? ¿Los veremos en la noche? ¿Después de cenar? ¿O qué?

La mujer negó con la cabeza y se rascó detrás de la oreja, tratando de evitar el contacto visual. Era evidente que lo había hecho muchas veces, pero nunca sabía qué decir en este momento.

—Se refiere a que los veremos en un año. Se refiere a que debemos decirles adiós —expliqué tranquilamente.

La mujer lanzó una gran sonrisa de nuevo y asintió con entusiasmo exagerado para la ocasión. La multitud se adelantó hacia sus hijos, hermanas, novios y novias, en un solo movimiento, y se unieron en un apretado abrazo. Kath dijo algo, pero apenas podíamos oírla por encima de todos los llantos y las conversaciones rápidas, fervientes, insistentes a nuestro alrededor. Los novios y las novias se juraban fidelidad. Los padres rogaban que mantuvieran la sensatez y la sobriedad, y que se cuidaran. Todos rogaban: «Por favor, no me dejes», aunque estuvieran diciendo otras cosas y trataran de mostrarse felices. Para mi sorpresa, mi hermana y mi papá se dieron un abrazo largo. Las lágrimas escurrían por sus caras. Luego yo no pude evitarlas. Abracé a Kath y olí su pelo. Besé la ligera capa de base en su mejilla, que venía de una pequeña caja verde con una calcomanía de Nickelodeon. Ella se enojó conmigo cuando pegué la calcomanía, pero nunca se preocupó por quitarla. Puse su mano en la mía y ella la apretó y la soltó. Hizo un gesto de despedida con la mano y dio vuelta en la esquina. Yo me quedé donde estaba.

Durante diez minutos, mi padre y yo no logramos dejar el lugar donde estábamos parados. No hablamos; ya teníamos suficiente trabajo con secar nuestras caras, solo para darnos cuenta de que inmediatamente volvían a estar mojadas, antes de que termináramos. Lo miré; quería que dijera algo significativo.

—Por lo menos aún estamos en el mismo piso que ella —fue todo lo que dijo, con la voz quebrada.

Entramos en el elevador y, cuando las puertas se cerraron, lloramos con más fuerza, agradecidos por la privacidad.

—Por lo menos estamos en el mismo edificio que ella —dije.

La lenta caminata hasta el automóvil y la salida del estacionamiento llevó a mi padre a decir:

—Por lo menos estamos en la misma calle que ella.

Según aumentaba la distancia, teníamos más problemas para mantener la compostura.

Regresamos al hotel y nos sentamos en nuestras camas por un rato, mirando las paredes y mordiéndonos los labios.

—Vamos a la alberca —propuso, buscando un traje de baño en su maleta.

—¿Ahora? ¿En nuestra situación? Creo que provocaremos algunas miradas divertidas. No estoy segura de que esté lista para ir.

—Es un hoyo grande lleno de agua. Nadie verá nuestras lágrimas. Se mezclarán bien allí.

—O elevaremos el nivel del agua e inundaremos la alberca.

Fuimos y flotamos de espaldas, sin hablar ni movernos. Un año sin Kath.

Cuando esa noche empezamos nuestra lectura, no parecía correcto. Kath se iba y nosotros estábamos sentados en una cama de hotel, leyendo El jardín secreto como cualquier otra noche, como si estuviéramos en casa y las cosas fueran de lo más normal. El momento que ambos habíamos esperado desde que empezamos el libro, cuando Mary finalmente encontraba la entrada y veía el jardín por primera vez, por fin llegó. Dimos vuelta a la página y ahí estaba, de pronto, en toda su gloria verde y exuberante. Pero estaba perdido para nosotros. Pasó sin un comentario y ni siquiera una exclamación. El mundo de nuestros libros, que siempre había parecido muy real y cercano, se presentaba muy pequeño y distante. Me sentía a un millón de kilómetros de distancia de Mary. Nada de lo que hiciera tenía importancia. Ella podía describir un jardín o quedarse en su cuarto y jugar damas sin que a mí me interesara. No se me ocurrió pensar que ella también estuviera enfrentando una pérdida, un tipo de duelo diferente, por supuesto. Y aunque sí lo hubiera notado, no me habría conmovido. Ella no era real, y la realidad pesaba muchísimo en mi pecho, alejando mi atención de aquel jardín donde las cosas tenían la posibilidad de crecer y mejorar.

—Por lo menos estamos en el mismo Estado que ella —dijo mi padre la mañana siguiente, mientras entregábamos la llave del hotel y salíamos del estacionamiento. Y más tarde, cuando llegamos a casa—: Por lo menos estamos en el mismo país.

Dos días después, su avión partió rumbo a Alemania. Yo ni siquiera estaba segura de que estuviéramos bajo el mismo cielo.

Mi papá y yo aprendimos a vivir los dos solos, un acto que más adelante perfeccionaríamos. De todos modos, los gastos disminuyen cuando solo hay dos personas. Al final, mi hermana no encontró una familia anfitriona que le gustara y, después de una serie de extraños incidentes, incluido el hecho de que le pidieron que comiera como cena un animal crudo que habían atropellado, ella tomó un vuelo de emergencia a casa a tiempo para Navidad. Pero en realidad nunca regresó. Se quedó un mes y luego se fue de nuevo para unirse a una nueva familia anfitriona en Alemania. Más adelante vivió en Rusia. Ahora vive en Serbia.

Así que su primer día de universidad, un día que he tratado de recordar, cuando yo ya tenía trece años, no tuvo mucho de memorable. No hubo lágrimas. Fue un gran día para los estudiantes y las familias que nos rodeaban, pero nos sentíamos desconectados de ellos. No habían tenido la experiencia con que contábamos nosotros. Lloraban y nosotros nos encogíamos de hombros. Entonces Kath solo estaba a un viaje en auto de nosotros. Podíamos verla los fines de semana y los días festivos. Me parecía que la universidad era una gran mejora. Cargamos las últimas cajas hasta su habitación con sonrisas en nuestras caras, y nos despedimos agitando las manos, sabiendo que en realidad era un hasta luego; la veríamos de nuevo en una semana. Mi padre lavaba la ropa de mi hermana cuando venía a casa, y sus prendas olían igual que las mías. No había nada malo en ello. Luego se fue de nuevo un semestre al extranjero. Ella siempre se estaba yendo, y no puedo decir que la culpo. Se le presentaron oportunidades maravillosas. Nunca tenía prisa. Recuerdo cuando se fue a muchos lugares, pero no cuando se fue a la universidad.

Tiempo después, durante nuestras peores estrecheces económicas y mientras Kath estaba en Rusia, mi papá mantenía la casa a once grados y se iba a la cama con dos gorros de lana y un par de guantes. Yo también tenía un par de guantes que usaba para teclear, con dedos cortados para facilitar el trabajo en los proyectos escolares. Una amiga que vino a dormir se fue porque tenía demasiado frío. No era agradable. Me preguntaba todos los días qué estaría haciendo mi hermana, y si hacía calor donde estaba. Hablábamos por teléfono y ella decía que no, que hacía mucho más frío allá, nos extrañaba más de lo que se podía explicar con palabras y seguiría llamando con frecuencia. Lo hacía. Pero los días se acortaban y algo faltaba. Cada vez que escuchaba a mi padre poniendo algo a tostar, salía de la cama lo más rápido posible, para recordar, cuando llegaba a la parte inferior de las escaleras, que nadie me perseguía para reclamar el codiciado lugar sobre la tostadora, donde nos calentábamos las manos.

En ocasiones me recostaba en su cama por la noche y contaba las estrellas. No las que se veían por la ventana, sino las que brillaban en la oscuridad del techo. Compartimos un paquete de estrellas hacía años y casi todas las mías se habían caído, aterrizando de vez en cuando con un pequeño sonido plástico al golpear mi piso o mi ropero. Pero Kath había usado más tachuelas que yo, y las suyas aún estaban allá arriba, incluso después de los fríos inviernos y los cálidos veranos en nuestra casa. Quería despegar algunas y enviárselas para que pudiera verlas por la noche, pero habían durado tanto tiempo allí que las dejé. Las estrellas reales, bolas de gas en ignición en el cielo nocturno, no eran suficientes; todos las tenían. Las de plástico nos entendían y nos recordaban; lo habían visto todo. Y aún seguían allí.

CAPÍTULO QUINCE
DÍA 1,513

> *Decían que era una vergüenza*
> *disputar en el día de Navidad.*
> *¡Y era muy cierto!*
> *¡Sabe Dios que lo era!*

CHARLES DICKENS, *Cuento de Navidad*

—No voy a poner eso en mi árbol de Navidad.

—¿Tu árbol de Navidad? ¿Cómo es eso?

—Yo lo pagué con todo el dinero del cajón de los calcetines y pasé dos horas poniéndolo. Diría que eso lo convierte, muy probablemente, en mi árbol de Navidad.

Mi papá daba vueltas alrededor del árbol, buscando un lugar para colocar su adorno favorito: una gran caja dorada, más alta que mi mano y más ancha que casi todas las novelas, con una fotografía holográfica de Elvis Presley. El adorno tenía pequeños botones pintados, pero parecía más un radio, al que misteriosamente se le había puesto una pantalla, que una televisión. Cuando lo inclinabas revelaba una foto de un Elvis increíblemente sudoroso y regordete o un Elvis al micrófono y con aspecto cansado. No podía ser más horrible. Estaba segura de que originalmente se vendió como un regalo de broma.

—¡Mira, toca música! —dijo mi padre mientras oprimía un botón en la parte posterior del adorno para producir un sonido débil y chirriante que supuestamente era la canción «Hound Dog», pero que sonaba más bien como el propio perro de caza del que hablaba la canción, como si aullara y atravesara una pila de bocinas de bicicleta.

—Es adorable, sí, nadie puede negarlo, yo misma no lo niego. Pero ¿hay lugar para él?

La respuesta fue: «No». Yo había llenado cada centímetro del árbol con adornos. Algunos eran hechos en casa, otros, herencia familiar, pero ninguno mostraba hombres gordos y sudorosos. Yo planeaba que las cosas siguieran así.

Alguien tocó en la puerta.

—¡Tengo las manos llenas! —grité al tiempo que organizaba nuestros regalos de modo que los que mi padre había envuelto en papel aluminio no se notaran a primera vista.

—¡Voy saliendo de la regadera! —gritó mi hermana, escaleras arriba.

Mi padre no escuchó el toquido o decidió ignorarlo porque se hincó y trató de adivinar a qué distancia del piso debía estar un adorno para evitar que los gatos lo maltrataran.

—Hum, supongo que tengo que abrir —dijo resignado Nathan, el novio de mi hermana.

Él y Kath pasaban las vacaciones de la universidad entre Nueva Jersey y Texas. Nathan se había quedado con nosotros algunas veces, incluso un par de navidades, pero era evidente que se sentía incómodo por tener que abrir la puerta de una casa que no era suya.

—¡Feliz Navidad a todos! —gritó mi madre antes de entrar. Tenía los brazos rebosantes de cobijas y almohadas, las mismas que depositó sobre el sillón antes de anunciar que tenía que ir por sus sábanas y algunas almohadas más.

—¿Planeas dormir sobre una pila de rocas afiladas? —pregunto mi padre mientras ella regresaba a su camioneta—. Porque si no vas a ocupar el sillón, voy a usarlo para que mis regalos estén cómodos.

Aunque mi madre se había quedado en su departamento, lejos de casa, durante la primera Navidad, eso no me parecía correcto. No había razón para que durmiera o despertara sola en un día tan importante. Así que le sugerí que durmiera en la casa solo esa noche del año;

la tradición continúa hasta el día de hoy. Mi madre nunca se quejó de dormir en el sillón de su exmarido, y mi padre nunca cuestionó la idea de que su exesposa se quedara en la sala. Aunque a veces podían pelear tan enconadamente como cualquier matrimonio, mis padres siempre habían mantenido una amistad que iba más allá de poner buena cara por nosotros. Mi madre se quedaba porque sabía que era importante para mí, aunque ya tenía trece años, y mi padre la dejaba porque no creía que ella debiera estar sola en esas fiestas. Eso duró hasta que yo estaba por graduarme de la preparatoria; entonces, la novia de mi padre se negó a aceptar un acuerdo que ninguno de nosotros había pensado que fuera extraordinario. Para nuestra sorpresa, él defendió esa tradición navideña.

—Nathan, antes de que subas —le dije mientras lo sujetaba del suéter—, responde a esto: ¿cómo crees que se sentiría el Niño Dios si supiera que en la punta del árbol hay un cantante de rocanrol que agita las caderas? —Señalé el adorno en cuestión, que colgaba donde hacía un momento había estado la estrella.

—No puedo imaginar lo que diría, porque nunca lo conocí en persona y también porque soy judío —respondió Nathan para evitar un conflicto.

—Pero si tuvieras que adivinar —insistí.

—Bueno, ¿Elvis cantaba mucha música góspel? Creo que al Niño Dios le gustaría eso.

Mi padre empezó a cantar «How great thou art» mientras, para dar un efecto dramático, movía de un lado a otro al Elvis holográfico, sudoroso, regordete, cansado y gesticulante. De las miles de fotos tomadas durante la carrera de aquel hombre, no pudieron encontrar dos fotos un poco más halagüeñas.

—¿Por qué cantamos? —preguntó mi madre con una enorme sonrisa mientras terminaba de apilar las cobijas en un montón que habría hecho que la princesa y el guisante del cuento sintieran vergüenza.

—¿Cantamos porque esta mantequilla expiró hace seis años? —preguntó Kath mientras agitaba la caja en la cara de mi padre—. ¿O es que eso no le importa a nadie más que a mí?

—Ha estado en el congelador desde la semana en que la compré, está buena.

—Papá, por eso nunca traemos a nadie. Te he dicho demasiadas veces que el congelador no detiene el paso del tiempo.

Mi padre se puso serio.

—¿Qué día es hoy? ¿Nochebuena o el día para quejarse de papá? Si no te gusta la mantequilla, ¡no la comas! ¿Por qué debería preocuparme? ¿Acaso ruego que te la comas? ¿Crees que cruzaba los dedos y esperaba a que bajaras, comieras un pan tostado y me dijeras lo que hago mal en la vida?

—Debió empezar con tu gusto en adornos —intervine.

—James, lo siento, pero ¿este regalo es para mí? —gritó mi madre al tiempo que agitaba sobre su cabeza una caja cubierta con papel aluminio—. Porque si son las zapatillas que te pedí, me gustaría abrirlo ahora.

—¡No es para ti! ¿No sabes leer las etiquetas?

Ella tomó el regalo y lo pasó al final de la pila, en apariencia molesta por haber revelado su forma y textura frente al verdadero destinatario, quienquiera que fuera.

—¡Lo siento, Jamie! ¡De veras! De veras pensé que decía: «Para: El interesado».

Desde donde estaba yo, ayudando a mi hermana a revisar las fechas de vencimiento de todo lo que estaba en el refrigerador, apenas podía ver la etiqueta, que decía: «Para: El interesado. De: No es asunto mío».

Era una etiqueta típica de James Brozina, pero ni siquiera yo sabía lo que significaba. Sin embargo, me imaginaba que era para Nathan, porque mi padre había dibujado con un plumón un hombre bailando en el papel aluminio. En realidad, eso no ayudaba a identificar al destinatario en absoluto.

Mi madre puso algo de música navideña y todos, con excepción de mi padre, nos sentamos alrededor del árbol a hablar y admirar nuestras decoraciones. Mi papá se dirigió al comedor, encendió el televisor y miró las noticias mientras comía un sándwich de mantequilla de cacahuate. No era antisocial, solo le encantaba mirar las noticias y comer sándwiches con mantequilla de cacahuate, y le gustaba tanto en la Nochebuena como durante el resto del año. Y como el espíritu de la Navidad significaba disfrutar el día al estilo de cada quien, no lo molestamos.

Mi padre ya me había leído ese día para que pudiera disfrutar mejor de las festividades de la Nochebuena. Trabajábamos con *El hacha* de Gary Paulsen, pero lo dejamos descansar esa noche. El cuento de un joven que sobrevive por sí solo en el desierto era una lectura apasionante y lo fue aún más cuando me di cuenta de que mi compañero de laboratorio también lo leía. Zack y yo lo repasábamos, imaginábamos lo que habríamos hecho en cada situación y discutíamos la viabilidad de nuestras ideas, que uno y otro anticipábamos. Disfrutaba mucho el libro, pero en Nochebuena no parecía lo bastante festivo, así que lo cambiamos por una antología de párrafos sueltos de *Cuento de Navidad*. Me gustaba leer los pasajes acerca de la hermana de Scrooge, Fanny, aunque fueran tristes, porque ella parecía una persona agradable. Y luego, para animarnos, leímos sobre la fiesta en la casa de los Fezziwig, un apellido que me hacía sonreír instantáneamente por cómo se escucha.

Como ya habíamos terminado nuestra lectura, mi papá fue el primero en irse a la cama. El resto de nosotros nos quedamos para abrir nuestros regalos y beber más chocolate caliente, que yo engullía feliz, aunque odiaba las bebidas calientes. La Navidad puede cambiar tu opinión sobre casi todo. Cuando subimos para ir a la cama, una o dos horas después, me estiré instintivamente para quitar el adorno de Elvis y reemplazarlo con la estrella que siempre usábamos.

—Si te interesa mi opinión, yo que tú lo dejaría —dijo Nathan, parado detrás de mí.

—¿Estás viendo la misma caja dorada y holográfica que yo? —le pregunté asombrada.

—Sí.

—¿Y crees que es atractiva?

—No exactamente.

—¿Y entonces qué?

—Es un adorno tonto. Es aún más tonto en la punta del árbol, donde debería haber una estrella o un ángel. Pero una cosa que siempre me ha gustado de esta familia es que siempre es bueno ser tonto. No es asunto mío, pero no creo que este árbol destaque de una mala manera. Es adecuado para los Brozina, si lo piensas bien.

—Me estás haciendo sentir como Charlie Brown, con mi árbol de Navidad patético, pero apropiado —le dije.

—¿Qué tiene de malo Charlie Brown?

—¿Qué tiene de mala nuestra estrella de Navidad? La hemos usado durante años.

—Nada, nada en absoluto. Los dos son bonitos. El árbol se ve muy bien de ambas maneras —dijo Nathan; luego me deseó Feliz Navidad y se fue a dormir.

Sola en la sala, miré el gran árbol. Arrastré una silla donde subirme para probar el tamaño de la estrella; se veía bien. Probé el adorno de Elvis: se veía tonto. Pero cuando puse la estrella y colgué el adorno de Elvis sobre ella, de alguna manera se veía como si estuviera bien. Así lo dejé. Esa noche, desde mi cama, escuché todos los sonidos de la casa. Estaba el suave ronquido de mi padre, rítmico y apacible. Estaba la respiración de mi madre con la boca abierta, como si resoplara sobre la ventana de un carro para empañarla justo antes de escribir sus iniciales con el dedo. Oía las risitas de mi hermana y Nathan, somnolientas pero felices. Y podía escuchar el ronroneo de uno de mis gatos a mis pies.

Con los años me había acostumbrado a vivir con una sola persona. La casa había dejado de sentirse vacía y ya no me importaba la tranquilidad. No tiene nada malo ser una familia de dos personas. Pero esa noche, mientras los sonidos se entremezclaban como un villancico de Navidad cantado en susurros, disfruté de la casa, por una vez llena y rica. Cantábamos algo que no era «Noche de paz»; podría ser «Hound dog», pero creo que era una canción original.

CAPÍTULO DIECISÉIS
DÍA 1,528

Ella trataba de pensar en todas las cosas placenteras,
hermosas y fantásticas que conocía.
Hizo una lista de todos los milagros en su mente.
Se recitó poemas a sí misma y cantó suavemente
todas las canciones que había aprendido
en la escuela y todas las canciones que papá cantaba.
Pero no la hicieron sentir mejor.

VIRGINIA SORENSON, *Miracles on Maple Hill*

Un 6 es absolutamente, con toda seguridad, la peor calificación que se le puede poner a una persona. Es peor que un 5 o incluso que un 4, porque significa que eres un estudiante total y completamente promedio. Y ni siquiera eres promedio en el sentido real, porque la mayoría de los estudiantes son buenos o malos. Tú te identificas como alguien que obtiene o que no obtiene buenas calificaciones. Si sacas un 6, esa identidad queda un poco borrosa: ¿eres un niño inteligente que no logra todo lo que debería, o eres un niño tonto que obtiene buenos resultados? Además, si estás acostumbrado a recibir solo 9 y 10, un 6 es básicamente un 4 o un 5 que tomó más trabajo.

Así que no fue un golpe pequeño cuando, después de siete años de obtener casi siempre 10, con algunos 9 u 8 en Matemáticas y Ciencias, recibí mi primer 6. Lo peor de todo fue que me lo pusieron en mi materia preferida.

Las boletas de calificaciones se daban en el salón de clases, pero no durante la clase: la última se acortaba para que los estudiantes regresaran adonde habían iniciado el día. En preparatoria las entregaban durante el primer período, pero los estudiantes de secundaria, incluida yo misma como lo descubriría pronto, todavía eran propensos a escenas dramáticas y emotivas; empezar el día con una podía ser desastroso. Apenas unos minutos antes de la campana final, me abrí paso entre las multitudes de Español hasta las de Geografía, y me senté en uno de los lugares del frente con la esperanza de obtenerla antes.

Tenía planes. Estaba en la obra de teatro escolar y quería encontrarme con algunos amigos apenas saliera de la escuela para repasar unas líneas antes del ensayo. No había grandes expectativas porque mis boletas de calificaciones nunca eran una sorpresa: 10 en las materias que me gustaban, 9 u 8 en las que no me gustaban. En ocasiones, me las ingeniaba para sacar un 10 en Matemáticas o Ciencias, pero aquel no había sido mi año hasta ese momento, y no lo esperaba. En realidad no miré la boleta cuando mi maestro me la entregó. La doblé varias veces para que cupiera bien en mi carpeta Trapper Keeper, eché todo en mi mochila y me dirigí a encontrarme con mis amigos.

Nadie se apresuró tanto como yo, así que tuve que esperar un poco. Me recargué contra unos casilleros y había empezado a revisar mi bolsa en busca de algún dulce cuando recordé el papel que había guardado en mi carpeta. Lo pesqué, aplané los dobleces y lo coloqué sobre mis piernas. Me gustaba leer los comentarios de mis maestros. Pero algo llamó mi atención antes: vi la forma, como una serpiente erguida y lista para atacar. Un pequeño, negro y malévolo 6. En Inglés.

¡En Inglés! Tuve que verlo de nuevo para creerlo. Mis calificaciones podían bajar en Biología o Preálgebra. Siempre rozaba el 8 en esta última, por cierto. Pero Inglés era, y siempre ha sido, mi mejor materia. Lo adoraba. Inglés era sobre historias: escribías, leías o analizabas historias. En resumen, obtuve un 6 en historias.

Me levanté de prisa, pensando que debía de haber un error y planeando ir a ver a la maestra antes de que ella dejara la escuela. Luego imaginé a la maestra, a esa mujer en particular, y supe que no se trataba de un error.

Ella no era exactamente dura, más bien era fría. Nunca parecía particularmente feliz de estar con sus estudiantes o en su salón de clases. Tenía unos ojos que siempre recuerdo grises, pero no azul grisáceo como los míos. Eran plateados y mostraban desinterés. Ella hacía comentarios sarcásticos mientras calificaba los ensayos en su escritorio. Solo sonreía cuando se burlaba de algo, y no creo que le gustaran los libros. No me agradaba, y yo no le agradaba.

Esa maestra y yo habíamos tenido altercados en varias ocasiones durante aquel período escolar, sobre todo repitiendo el mismo debate: ¿mi interpretación creativa de la tarea significaba que no la había completado con éxito? Me puso una calificación baja por algo que, según ella, había hecho mal, al escribir un poema como respuesta a una lectura. Le expliqué por qué pensaba que mi trabajo era aceptable, señalando que había cubierto la cantidad necesaria de palabras y reflexionado sobre la lectura asignada. Yo hablaba y ella se daba vuelta y se alejaba, y yo por lo general suponía que había ganado la discusión y ella cambiaría la calificación en la boleta.

Imagino que esa suposición fue mi gran error. Esas conversaciones no habían cambiado nada, y ahora tenía un 6, mi primer 6 de la historia en mi mejor materia. Yo, la hija de La Promesa, tenía 6 en Inglés. Lo peor de todo era que uno de los ensayos en que me asignó una baja calificación fue sobre *El dador de recuerdos*, un libro que yo leí por segunda vez en su clase, porque mi padre y yo lo habíamos devorado en casa e hicimos largos análisis sobre él. Prácticamente podía recitar pasajes completos y hacer comparaciones con otros libros que leímos juntos; a menudo las hacíamos. Yo no estaba presumiendo: me entusiasmaba tanto todo lo que leíamos juntos en casa que siempre esperaba con ansias que mis compañeros se engancharan en los libros que a mí me encantaban. Pensaba que mi entusiasmo, más que otra cosa, había sorprendido a la mayoría de los maestros; pero no a esta. Mis antecedentes y mi pasión no tenían sentido para ella. Mi papá me leía todas las noches, y yo sacaba un 6 en Inglés. En Inglés.

Justo en medio del corredor lleno de gente, sentí que mi quijada empezaba a aflojarse, lo que significaba una de dos cosas: iba a llorar o a vomitar. Por fortuna, supuse, era lo primero. Metí la cabeza en mi mochila, para simular que buscaba algo, y mantuve la cara oculta, pero mi respiración era fuerte y pesada. Por último, un guardia de seguridad, que casualmente también era amigo de mi madre, se detuvo para preguntar si me ocurría algo. Le mostré mi boleta de calificaciones. Él me la regresó.

—No es tan bonita con esa cosa allí, pero aún es una hermosa boleta de calificaciones. No te preocupes por tu padre. Estoy seguro de que él lo comprenderá.

No era eso. Por supuesto que él lo comprendería. Lloré todo el tiempo durante el ensayo y, cuando mi papá llegó a recogerme, no traté de ocultarlo.

—¡Mira! —sollocé mientras me dejaba caer en el asiento de atrás. Lancé el papel adelante e incliné mi cabeza contra el respaldo del asiento del acompañante. Él leyó por unos segundos y luego dejó escapar un gemido.

—¿Qué demonios? —dijo.

—Lo sé… —gemí.

—¿Cómo sucedió?

—¡Ella me odia!

Habíamos hablado sobre aquella mujer muchas veces.

—Bueno, dudo que ella sea tu mayor partidaria. Supongo que la desafiaste. Pero el desafío puede ser algo bueno, y cualquier maestro que merezca su sueldo debe saberlo.

Negué con la cabeza y me jalé el cabello.

—No crees que estoy furioso, ¿verdad? —dijo, antes de echar a andar el carro.

—Por supuesto que no. ¡Solo estoy molesta porque es irritante!

—Muy bien. Porque si quieres te puedo mostrar mis boletas de calificaciones. Están en una caja en casa, y ninguna de ellas es ni de lejos tan buena como esta.

—Lo sé, lo sé, sé que no estás enojado. Por eso estoy llorando. ¡Me pusieron 6 en inglés!

Mi voz se quebró dando paso a los sollozos una vez más, y oculté la cara entre mis brazos mientras dejábamos el estacionamiento, por si alguien me veía a través de las ventanillas.

—Bueno, ¿qué podemos hacer? —preguntó.

—No lo sé. Creo que nada. Nada en el mundo podrá remediarlo. Nada en absoluto.

—¿Qué tal un helado de Custard Corral?

—Eso es lo único que podría lograrlo.

A pesar de que nada podía quitar ya el 6, Custard Corral podía ser la solución a muchos problemas. Un puesto de helados a unos dos o tres kilómetros de mi casa, que se especializa en natillas y cabras. Las cabras están en un corral cerca del puesto, y los niños, con la cara pegajosa, a menudo meten conos de helado a medio comer por los agujeros de la reja. Por eso, las cabras son muy amigables y también regordetas. Custard Corral es uno de mis lugares favoritos en el planeta Tierra.

Pedí lo de siempre, un helado de pastel de fresa con galletas calientes, y me senté en una banca frente a las cabras. Me hizo sentir un poco mejor, pero también tonta al admitir que el helado podía arreglar hasta mis mayores problemas, de modo que no dije nada.

—¿Así que no quieres hablar de la clase? —preguntó mi padre.

—No —respondí.

Pero había esperado todo el día para hablar con alguien que realmente me entendiera.

—Bueno, pienso que no me parece justa su calificación. Siempre creo que trabajo de más, pero ella me califica como si estuviera haciendo menos que los demás. Cuando se trata de una pregunta que se responde con un sí o un no, las calificaciones son justas. Pero en caso de una tarea creativa o un ensayo, ella califica de acuerdo con lo que le agradas, y yo no le caigo muy bien.

—Sí —dijo mi papá, mientras tomaba una gran cucharada de mi helado—. Hay muchos maestros que hacen eso. Yo veo que pasa todo el tiempo en el trabajo. Es una verdadera lástima, pero todos tienen favoritos, hasta los mejores; no es posible evitarlo. A veces yo mismo lo hago sin darme cuenta.

Aprecié su honestidad. Nunca he comprendido por qué los padres tratan de convencer a sus hijos de que han imaginado un problema sin escuchar la situación. En ocasiones los niños se sienten victimizados sin razón, pero mi experiencia me indica que también es probable que el maestro sea simplemente un ser humano y cometa errores graves. Los niños pueden ser muy perceptivos.

—Tú te has acostumbrado a ser una de las favoritas en Inglés —añadió.

—¡Creo que es justo! Quiero decir, si tiene que haber un favorito. Yo trabajo duro y pruebo nuevas cosas y creo que hago buenas preguntas. Me encanta leer y escribir. ¿Qué más quieres en un favorito? —Me detuve para tomar una enorme y reconfortante cucharada de jarabe de fresa y lo hice circular por mi lengua, antes de seguir hablando con mayor gusto—. Y las cosas que leemos en clase son mucho más fáciles que las que leemos en casa. En ocasiones trato de hablar después de clase acerca de los libros que estoy leyendo contigo. Como cuando leímos *La isla de los delfines azules*; sugerí que lo usará como lectura asignada el año que viene porque nos iba a gustar mucho.

No era un «libro para niñas» ni un «libro para niños»: Karana, varada y sola en una isla durante años, hacía cosas que asustarían al hombre más viril. Ofrecí llevar una copia y leerle parte del libro, y ella ni siquiera fingió interés.

—Creo que piensa que soy rara. Si yo fuera maestra y tuviera una estudiante como yo, me sentiría feliz. Por lo menos eso creo. Aunque la niña fuera un poco rara, sería agradable. Y no soy buena en Matemáticas ni en Ciencias, en absoluto. Así que cuando hago algo para lo que soy buena, quiero que alguien lo note.

Me di cuenta de que me había levantado de mi asiento mientras lo explicaba, y me senté de nuevo enojada.

—Yo sí lo noto. No tienes que defenderte ante mí, Lovie.

Había dejado de llorar desde hacía casi media hora, pero cuando dijo eso, empecé de nuevo. Sabía que él me creería, pero era agradable comprobar que así era. Él no podía imaginarse por qué empecé a llorar de nuevo, así que me dio una rápida palmada en la espalda.

—Si no te comes ese helado en los próximos treinta segundos, me lo voy a terminar yo —aseguró.

Se lo entregué, y él lo engulló como si fuera agua.

No puedo recordar lo que leímos esa noche porque seguía muy molesta y en realidad no me concentré en la lectura. Pero recuerdo lo reconfortante que fue estar acostada allí y dejar que sus palabras me rodearan, me envolvieran como una cobija y me mantuvieran fresca. Él me creía. Él creía en mí.

Cuando llegué a la escuela el día siguiente, aún tenía los ojos un poco cansados de llorar. Me senté junto a mi amiga en el salón de clases y le entregué el documento vergonzoso sin siquiera mirarlo.

—Guau, un 6, ¿eh? ¿Qué hizo tu papá?

—Fuimos a comer helado. Eso no es lo importante, el problema no es ese.

—¿De qué hablas? Chica, si fuera mía, me las habría visto con mi papá.

—¿Qué habrías visto?

—Es un decir, me habría puesto bajo tierra. O sea, se habría enfurecido. ¿Fueron a comer helado?

—Sí, estaba tan molesta que fuimos a comer helado y hablamos.

—Desearía tener un papá como el tuyo.

—No estás prestando atención al 6, Shanelle. El 6.

—No, sí estoy prestando atención, está bien. Estoy prestando atención al hecho de que tu papá se preocupa de verdad de la molestia que sientes por tus malas calificaciones. Él se molesta si tú estás molesta. Entendido, ¿quieres intercambiar familias por un rato? Mi mamá hace muy buenos huevos a la diabla. —Ella se rio, me dio una palmada en la espalda y me entregó la boleta de calificaciones—. Cuenta cuántas cosas buenas tienes, amiga. Cuántas bendiciones.

Las veía y eran muchas: una amiga como Shanelle, helado, La Promesa y papá.

Miré el 6. Se hizo un poco más pequeño.

CAPÍTULO DIECISIETE
DÍA 1,724

Porque también los animales y
las aves son como la gente,
aunque no hablan igual ni hacen lo mismo.
Sin ellos la Tierra sería un lugar infeliz.

Scott O'Dell, *La isla de los delfines azules*

—Lo puedes acariciar como un ser humano normal —dije mientras empujaba a Rabino para acercarlo a mi padre.

—No voy a tocar a esa criatura inmunda con mis manos.

En realidad, el método de mi padre para tratar al gato sí incluía las manos. Era una especie de pellizco fuerte: tomaba un poco de la piel del gato, lo sacudía y luego tomaba otro. En ocasiones, Rabino recibía un ligero empujón en la panza para que se quedara en un sitio mientras mi padre le mostraba su extraño afecto.

—¿Por qué no tratas de acariciarlo así?

Pasé mi mano por el lomo de Rabi, la deslicé suavemente sobre su piel hasta llegar a la cola y luego empecé de nuevo. Habíamos tenido gatos desde la época en que empezó La Promesa, más o menos. Y para cuando cumplí catorce años, ya había ganado prácticamente una medalla al mérito por acariciar mascotas, tenía técnica. Dejé que mi padre tratara de nuevo, pero él recurrió a su viejo método. Sacudí la cabeza con frustración.

—Lovie, si no le gustara lo que hago, ¿ronronearía así?

No podía negar el sonido. El zumbido que Rabino hacía se parecía más al de una máquina de motor que al de un gato con sobrepeso, bizco y medio siamés.

—Además, ¿vendría todas las noches si no obtuviera algo de todo esto? —agregó.

Una vez más tenía un punto a su favor. Sin contar a la muñeca Raggedy Ann, que mi padre me había regalado a pesar de mi edad, y que estaba siempre entre los asistentes aunque no tenía opinión en el asunto, Rabino era el tercer participante no oficial en nuestra Promesa. Por lo general leíamos más o menos a la misma hora todas las noches, entre las 9:00 y las 9:30, de modo que el patrón era bastante predecible, aun para una criatura que no entendía de relojes. Rabino había ajustado su horario de sueño para asistir; entre la comida y La Promesa se las ingeniaba para permanecer despierto durante unos impresionantes cuarenta y cinco minutos al día.

Sin embargo, aunque era muy dedicado, no parecía interesarle la lectura en particular. Desde Dickens hasta Shakespeare, hicimos un gran esfuerzo para usar material estimulante, que planteara un desafío apropiado, pero Rabi seguía teniendo problemas para prestar atención. Aunque leyéramos libros donde aparecieran gatos, no podía establecer conexiones personales con el texto. Se nos unía, no por la sed de gran literatura, sino porque necesitaba que lo acicalaran, lo que mi padre llamaba su masaje.

—Eres un miserable, Rabino. ¡Eres una sanguijuela miserable y vividora! —le decía él casi todas las noches después de que terminábamos de leer.

Siempre pensé que esa valoración era injusta. Sí, Rabi esperaba que lo acariciaran desde el momento en que empezábamos a leer hasta que mi padre apagaba su luz para dormir, y a cambio no daba nada. Pero, como le señalé a mi padre en muchas ocasiones, ¿qué podía hacer para mostrar su gratitud? Era como si mi padre esperara que saltara después de que termináramos de mimarlo y fuera a cambiar su propia arena antes de bajar a ordenar los cubiertos y arreglar la llave que goteaba.

Lo más extraño de los insultos de mi padre, sin embargo, era que siempre los decía en un tono suave y amoroso. «Eres un holgazán egoísta», decía de la misma forma en que una persona normal podría decir: «Nos dio gusto verte. ¡Por favor, vuelve pronto!». Por supuesto, todos suponíamos que era lo que quería decir realmente, aunque él afirmara otra cosa.

—Nunca quise tener gatos —dijo mientras apretaba la piel de Rabino y la agitaba, haciendo que toda la cama vibrara con su ronroneo—. Y ahora lo tengo que acariciar todas las noches.

Como nuestro otro gato, Brian, venía muy pocas veces cuando leíamos, Rabino era el que obtenía más afecto.

—Antes que nada, lo que haces no es mimarlo, lo maltratas. A Rabino se le ha lavado el cerebro lo suficiente como para que piense que lo disfruta —observé.

Entonces mi padre jalaba con fuerza la piel de Rabi, lo que hacía que se acercara aún más para apretar la cabeza contra la mano de mi padre. No importaba lo bien que yo lo acariciara, Rabi se acercaba más a mi padre, esperaba su masaje y golpeaba su cabeza contra la parte más cercana del cuerpo como recordatorio. Nunca entenderé bien esa relación.

—Y en segundo lugar, si no quieres acariciarlo, no lo hagas. Yo lo cuidaré, de todos modos te cuesta trabajo acariciarlo y concentrarte en la lectura al mismo tiempo.

Mi padre no captaba el sentido de lo que decía: «Estoy celosa de que mi gato prefiera tus manoseos al afecto amoroso y gentil que yo le doy y que suelen aceptar los gatos en todos lados».

—Ahora subestimas mis dotes. ¿Crees que mis habilidades de lectura son tan malas que ni siquiera puedo pasar mi mano sobre este roedor pulgoso sin distraerme? —dijo.

—¡No tiene pulgas!

—Noté que no negaste que sea un roedor.

Cada vez que hablo de Rabino con extraños, siempre creen que escucharon mal su nombre. Luego tengo que explicar: Rabino empezó como Hansel, antes de que fuera mío; luego se volvió Frisbee, cuando un amigo de mi hermana sugirió el nombre. Pero entonces, mi padre empezó a llamarlo Rabino o tan solo Rabi. Escribió una carta a mi hermana, que estaba en un programa de intercambio en Alemania; le explicaba que el extraño parche oscuro de la parte inferior de la cara de Rabi parecía una barba, y además siempre parecía meditar profundamente. Mi padre lo consideraba un cumplido (a mis ojos, inmerecido). Sin embargo, el nombre que quiso darle a nuestro otro gato, Brian, nunca pegó. Aunque los iris de ese gato son de un distintivo y complejo tono amarillo, nunca respaldaría la idea de llamar Ojos de Orina a un animal al que amaba.

Cuando yo tenía catorce años, mi padre anunció que teníamos un problema de grillos de cueva.

—¿Un grillo de cueva? ¿Qué es un grillo de cueva?

—No lo sé… Tu hermana lo vio, dice que percibió algo en su cuarto la última vez que estuvo en casa.

—¿Qué aspecto tienen?

—Grandes y rápidos.

—Pero los insectos son nuestros amigos.

—No, estos no. Hasta creo que tienen un aspecto horripilante. No son peligrosos, pero aun así son unas cosas bastante asquerosas. Y no se trata de algo que podamos mirar en el pórtico. Están dentro de la casa.

Antes, mi padre ya había dejado claro que, aunque cualquier bicho podría ser interesante afuera, sentía poca simpatía por los que entraban, a menos que fuera una araña.

—Quizás debemos llamar a un exterminador —dije.

—Creo que les daré a los gatos unos días para espantarlos. Vi que Brian cazaba uno el otro día. Apuesto que ese grillo de cueva le contó a sus amigos.

—Los niños son grandes cazadores.

Yo llamaba «los niños» o «los bebés» a los gatos, mientras que mi padre los llamaba «los miserables» o «las niñas» o, cuando los alimentaba, sus «adorables amigas». Lo último podría haber sido elogioso y hasta dulce, en caso de que alguno de los gatos hubiera sido hembra.

—Por fin servirán para algo —fue todo lo que dijo.

Durante varias noches seguidas escuchamos que los gatos corrían de un lado a otro por todo el cuarto de mi hermana. Por alguna razón, los grillos de cueva nunca pasaron de su puerta o, por lo menos, no que hayamos visto, de modo que los gatos tenían una oportunidad de ir de safari: cazaban durante unas horas y luego venían a mi cuarto a dormir una siesta. En realidad nunca vi uno de esos grillos, pero los oía por la noche. Y solo un poco más alto, podía escuchar a Brian o Rabino llamándose entre sí durante esas misiones en equipo o agazapándose en silencio para un ataque sorpresa. Como a los dos les gustaba cazar, imagino que aquella fue una de las épocas más felices de sus vidas. Me dieron ganas de proporcionarles juegos de forma regular, pero sentiría pena por algo que fuera ligeramente más agradable que un grillo de cueva. Y casi todo lo era.

Una noche, el sonido de las carreras de un gato interrumpió nuestra lectura. Lo oímos precipitarse por el cuarto de al lado, pasándola genial aunque hacía un ruido espantoso. Mi padre trató de ajustar su volumen en consecuencia, pero entonces el ruido terminó de pronto. Yo escuchaba y trataba de imaginar lo que había pasado, cuando Rabino apareció de pronto en la puerta del cuarto de mi padre. Ronroneaba ruidosamente y se acicalaba. Había matado algo. Cuando saltó a la cama no repegó su cabeza contra mi padre. No mostró indicios de que quisiera que lo mimaran. Me sentí como la esposa de un guerrero, que felicitaba con amor al esposo después de una fiera batalla. Sin embargo, traté de no verle el hocico por miedo a encontrar patas de bicho colgando. La lectura terminó unos minutos después y mi padre tomó nota de la conducta exuberante de Rabino.

—¿Qué pasa con él? —preguntó.

—Rabino ha vencido a los grillos de cueva, al menos a uno —dije orgullosamente.

—Supongo que si lo único que hiciera fuera dormir todo el día, cazar también me parecería muy interesante

—Pero ¿no estás impresionado?

—No mucho.

—¡Nos defendía!

—Dudo que él piense eso.

—Bueno, por lo menos ahora no puedes llamarle vividor.

—Claro que puedo.

Salí rumbo a mi cama esperando que Rabino me siguiera, pero, para mi sorpresa, escogió pasar su momento de gloria con mi padre. Como siempre, eso me molestó. Había escuchado a mi padre repetir una y otra vez: «Eres un miserable, Rabino; en verdad eres un miserable».

Quería levantarme y defenderlo, decirle a mi padre que había matado un bicho asqueroso o dos, tres o cuatro, para proteger nuestra casa y defender mi honor. Pero entonces puse atención, era un ruido un poco más fuerte que las incesantes burlas de mi padre. Aun a través del corredor podía escuchar a Rabino ronronear encantado.

Traté de imaginar qué creía Rabino que le decía mi padre y decidí que era: «Gracias por matar a esos grillos de cueva. Eres valiente y mereces mi amor». Y tal vez en el idioma que ellos compartían, esa era la traducción correcta.

CAPÍTULO DIECIOCHO
DÍA 1,948

—Es solo que —dijo a su abuela—,
tengo la idea de que sé quién soy,
solo que he dejado de serlo.

Cynthia Voigt, *Dicey's Song*

Mi padre decía que necesitaba tiempo para ensayar nuestra lectura antes de que yo llegara. Con algunos de los libros más desafiantes, sobre todo los que tenían dialectos confusos, estoy segura de que así era. Pero tampoco perdía la oportunidad de censurar el libro si pensaba que algo era inapropiado. Nunca escribió en las páginas, hasta donde yo vi, pero yo creía saber cuándo él había sustituido una palabra o evitado una frase. Por lo general, sus modificaciones abarcaban menos de una frase. Sin embargo, *Dicey's Song* representó una verdadera prueba para sus habilidades de improvisación.

Yo era una estudiante de primer año que trataba de acostumbrarse a amigos volubles, muchachos coquetos y la preparatoria en general. Sentía que debía hacer algo enorme y dramático que me definiera y me ayudara a encontrar mi lugar en la preparatoria, pero no imaginaba qué podía ser. No se trataba de perfeccionar un acento noruego para conseguir el papel principal en la obra de teatro escolar. Tampoco era teñir mi pelo de rojo, rubio y de vuelta a mi castaño natural en un período de dos años. Por un tiempo, pensé que lo mío eran las camisetas inteligentes, hasta que me di cuenta de que «Las pollitas tienen mejor actitud» sobre una foto de un pollo con una gorra del ejército no era particularmente inteligente, ni lo era ninguna de mis otras camisetas. Atravesé un desafortunado período de pantalones aterciopelados, pero no hay necesidad de analizarlo aquí. Admitamos simplemente que yo no era *cool*; era tan profundamente poco *cool* como solo los adolescentes pueden serlo. Por fortuna, yo no me daba cuenta de eso.

Tal vez como respuesta a mis problemas en la secundaria, mi papá y yo estábamos leyendo libros acerca de chicas adolescentes. Leímos docenas con tramas similares, que se concentraban en las pruebas y tribulaciones de esos penosos años en que se toma conciencia de uno mismo, desde la perspectiva de narradoras alegres y optimistas. Creo que pude haber aprendido algo de ellas, pero nunca descubrí cuál era el mensaje. Aunque aseguraban que sentían una vergüenza absoluta, las heroínas eran muy buenas para desenvolverse en casi todas las situaciones. Escribían en sus diarios y se reían de lo ocurrido con sus madres unos capítulos después. Sonaban mucho mayores que yo.

No recuerdo cómo encontramos *Dicey's Song*. Sé que fue en una biblioteca, pero no sé qué me hizo escogerlo. Mi papá le dio una rápida repasada y decidió que era para nosotros. Yo no sabía lo suficiente de la trama como para ponerme en contra, o probablemente lo habría hecho solo por divertirme. Casi todo lo que leíamos lo seleccionaba mi papá, de todos modos, y el hecho de protestar por lo menos le recordaba que yo era la mitad de La Promesa.

—Esta portada no tiene sentido —decía yo.

—Ganó un premio —respondía él.

—¿La portada ganó un premio?

—No, lo ganó el libro.

—¿Estás seguro? Suena como si quisieras justificar algo antes de decidir que ocupemos el mes siguiente de nuestras vidas con este libro.

—Suena como si tú necesitaras una rápida patada en el trasero por esa boca hablantina.

—Sí —convenía yo enfáticamente—. Como decíamos, creo que este es un libro perfecto para La Promesa.

Estas discusiones académicas eran comunes durante el proceso de selección, pero empezamos *Dicey's Song* sin muchos comentarios. No fue hasta que nos adentramos lo suficiente en el libro que surgió la controversia.

Mi padre subió a practicar la lectura, como siempre, mientras yo esperaba en la mesa del comedor, mirando un maratón de mi programa favorito de televisión, *The Monkees*, en Nick at Nite. Una vez que la canción de entrada empezó para dar paso al tercer episodio, me di cuenta de que algo pasaba. Su tiempo habitual de ensayo era de unos quince minutos, veinte a lo mucho. Cuando finalmente me llamó, yo sospechaba algo.

El capítulo avanzaba con normalidad. Dicey, una niña de mi edad, iba en un autobús con su abuela, y estaban conversando de varias cosas que pasaban en la vida de la chica. Pero unos minutos después empecé a adivinar qué parte me había hecho esperar tanto. Mi papá empezó a pasar hojas rápidamente, mirando por un instante antes de seguir avanzando. En ocasiones apenas parecía leer el texto. Habría pensado que estaba recitando de memoria, pero las frases sonaban muy extrañas. Aunque el diálogo de unas cuantas páginas antes había sido enriquecedor y complejo, la conversación entre Dicey y su abuela había tomado un giro extraño que en ocasiones se desarrollaba así:

—Dicey, ¿sabes acerca de todas esas cosas?

—Si, abue.

—¿Todas esas cosas?

—Por supuesto.

—¿Y estás lista para crecer y todo lo demás?

—Sí, ya sé todo sobre eso, de modo que no es necesario que lo mencionemos.

—No, no debemos hablar de eso.

—No.

—Muy bien, entonces.

—Bueno, estoy contenta de que hayamos hablado de eso.

Miré por encima para ver si el texto era tan escaso en la página como me había imaginado. No: las páginas estaban llenas y las líneas de con-

143

versación parecían largas. No pude sino preguntarme qué era lo que me estaba perdiendo. Esperé a que mi padre terminara el capítulo antes de empezar mi investigación. No esperaba que él me diera información alguna, pero de todos modos lo intenté.

—Qué capítulo tan extraño, ¿eh?

—Sí, el diálogo fue un poco confuso.

—Ni siquiera creo haber entendido de qué hablaban.

—¿Quiénes?

Él no era especialmente bueno para hacerse el tonto.

—Dicey y su abuela. Las únicas personas que aparecían en el capítulo. No creo que haya entendido de qué hablaban en el autobús.

—Era muy vago.

—¿Tú lo entendiste?

—No, creo que solo estaban matando el tiempo.

Yo tenía dificultades para poner cara de seriedad.

—Apuesto que eso era exactamente.

Al día siguiente, mientras mi papá estaba ordenando algunos papeles en el sótano, me metí en su recámara y me dejé caer en el piso, junto a su cama. Conservaba muchos de sus libros personales en la misma pila, pero el libro que estábamos leyendo en La Promesa siempre estaba encima, con un separador y listo para seguir. Dejé el separador en su lugar para que no hubiera posibilidades de colocarlo por accidente en otra parte, de modo que yo misma me incriminara. No me gustaba guardar secretos, pero mientras ambos fuéramos reservados, estaba decidida a ser un poco mejor que él en ese aspecto.

Abrí el libro en el capítulo de la noche anterior y empecé a leer hacia atrás. Estaba en la ahora famosa conversación entre Dicey y su abuela, pero no era como él la había representado. Era acerca de la pubertad, algo que no pude percibir en la versión de mi padre. Abue trajo a cuento ante Dicey, con incomodidad, los temas de la menstruación y los muchachos; y esta, sintiéndose incómoda también, aunque no tanto, estuvo de acuerdo en acercarse a ella para hacerle cualquier pregunta. Era extraño, realista y poco descriptivo. En realidad, representaba más bien una opción elegante para que un padre abordara esos temas. Podía imaginar a alguien, diferente de mi padre, dándole aquel libro a su hija para ayudarle a empezar esas conversaciones. Cuando encontré otro pasaje omitido en el que la abue le decía a Dicey que comprara su primer brasier, tuve que apartar el libro porque no podía ver las páginas a través de mis lágrimas.

Estuve riendo incontrolablemente y retorciéndome sobre la áspera alfombra de la habitación hasta que sentí raspones en mis brazos por todos lados; por supuesto, mis pantalones aterciopelados protegieron mis piernas. Las lágrimas rodaban por mi cara tan rápido que casi quería mirarme en un espejo para asegurarme de que ninguna de mis pecas se hubiera deslavado. Me dolía el estómago de esa manera maravillosa que te deja sin aliento, parecida a cuando llegas a un momento crucial, pero al revés.

Mi papá había hecho un esfuerzo extremo para cortar las conversaciones exactas que debimos tener él y yo. Él pudo haber tomado el camino fácil y darme la información a través de la abuelita, en lugar de abordarla a su modo. Estoy segura de que eso habría hecho la mayoría de los padres solteros. En cambio, él realizó esfuerzos denodados y agotadores para encubrir la naturaleza de la conversación e, indirectamente, la trama de toda la novela. Por alguna razón, me pareció lo más tonto que había hecho en su vida. Imaginé cómo habría sido la conversación en el autobús si estuviéramos leyendo *Alice's Song*, y me di cuenta de que habría sido increíblemente similar a la improvisación de mi padre la noche anterior. Sólo habría requerido que se intercambiaran los papeles.

—Papá —diría yo—, ¿quieres que hablemos acerca de eso?

—No, creo que tú ya sabes acerca de todo eso.

—¿Todo eso?

—Sí —diría él—. Tú sabes acerca de todas esas cosas.

—Muy bien, ¿así que no debemos hablar de eso?

—No, definitivamente no debemos hablar de eso.

Seguí representando la escena en mi cabeza. Siendo realista, nunca habíamos tenido una conversación así de profunda. Creo que él se decía a sí mismo que yo todavía no estaba lista para hablar, y que *Dicey's*

145

Song planteaba preguntas que yo ni siquiera me había hecho. Pero él no estaba listo para hablar, y nunca lo estaría. Nunca tuvimos una plática sobre el tema. Una vez me dijo que esperaba que no estuviera «tonteando» y que no debía ceder a las presiones sociales. Pensé que estábamos teniendo una conversación significativa acerca de relaciones con muchachos o tal vez sobre drogas, hasta que me di cuenta de que me estaba diciendo que no gastara mi dinero en él para el Día del Padre. Nunca he vuelto a escuchar la palabra «tontear» en ese contexto.

Me senté en el suelo, revisando otros libros de La Promesa y buscando omisiones de mi papá. Sentí pena por él al darme cuenta de lo incómodo que se sentía. Sin embargo, lo más notable es que noté que la garganta se me cerraba. Entre tanta risa, tenía que acordarme de que era necesario respirar.

CAPÍTULO DIECINUEVE
DÍA 2,015

Esfuérzate por hacerlo bien.
Y recuerda, como solíamos decir,
que la vida es como un pudín:
se necesita sal y azúcar para
que realmente valga la pena.

Joan W. Blos, *A Gathering of Days*

—¡Una gran araña gris instala su tienda en mi cuarto! ¡Ven a ver!

Escuché una queja en tono bajo desde el cuarto de mi padre, seguida de una tos rasposa.

—¡Apúrate! ¡Va a regresar al antepecho de la ventana! Ya hizo su nido allí.

Una vez más el extraño ruido, como si alguien tocara el clarinete sin usar nota alguna.

—¿Qué haces? ¡Te la estás perdiendo! —grité mientras asomaba la cabeza en su recámara.

Se veía verdoso y pálido. Tenía la cara cubierta de sudor. Su camisa blanca se transparentaba.

—¡Dios mío! ¿Qué te pasó? —Corrí a la cama y traté de poner mi mano sobre la frente de mi padre, pero él la apartó y frunció el ceño para mostrar su frustración.

—Mmmmm —dijo mientras movía los labios como si dijera algo más.

Yo me reí. Entonces me di cuenta de que en realidad sí decía algo más. Me acerqué y me incliné sobre él, con el oído en su dirección.

—Creo que me han bajado las defensas —susurró mi padre. Su voz era débil y entrecortada, como si pasara a través de un rayador de queso. Tenía el aliento anormalmente caliente.

—Es algo más…, estás enfermo —lo corregí al tiempo que imitaba su voz para llamar su atención sobre lo horrible que sonaba.

—No lo estoy —afirmó—. Nunca me enfermo. Nunca he estado indispuesto ni un día en mi vida. Pero me siento débil. Solo estoy un poco lento por el momento. —Tosió unas cuantas veces más.

—Cuando uno anda lento, las cosas no están bien. Si te sientes así, estás enfermo.

—Supongo que debo ir a ver al doctor muy pronto —dijo él. Se quitó un poco de sudor con la mano.

—¿Qué tan pronto es pronto? ¿Hoy? ¿En una hora? ¿Debo llamar y hacer una cita?

—¿Qué te pasa, Lovie? Aún me queda vigor suficiente para hacer una llamada telefónica.

—Sí, pero te van a colgar en cuanto vean que llama un bromista haciendo la voz del pato Donald. ¿Estás seguro de que no quieres que les marque por ti? No tengo nada mejor que hacer.

—¡Rrrrhhhhhhsh! —exclamó mientras movía exageradamente los brazos para salir de la cama.

—¿Qué fue eso? ¿Sí?

—Yo lo haré —susurró—. Son doctores, están acostumbrados a situaciones como esta.

Resultó que él tenía razón. Estaban acostumbrados a estas situaciones: veían a una gran cantidad de viejos tercos con la garganta irritada. Cuando mi padre regresó a casa, juraba que le habían dicho que tomara unas cuantas pastillas para el resfriado y siguiera con sus actividades normales, pero imaginé que también le había recomendado descansar, aunque él no lo mencionó. Parecía como si el único problema real fuera su garganta, que estaba rasposa y roja. Podía verla cuando hablaba, tal vez porque tenía que acercarme mucho para escuchar lo que trataba de decirme.

—Parece como si te estuvieras muriendo. ¿Te dijeron que hicieras gárgaras con agua salada? Eso es lo peor.

—En realidad no me encuentro tan mal como parece. Me siento muy normal en este momento. Solo que no he recuperado la voz. Estas palabras ni siquiera salen de mi garganta ahora.

Me mostró cómo llenaba sus mejillas de aire y articulaba las palabras mientras lo soltaba, con un sonido que se parecía vagamente al habla, pero que estaba más relacionado con un silbido.

—¿Eso es todo lo que puedes hacer? No me sorprende que no comprenda una palabra de lo que dices. Solo háblame desde tu garganta, si es que no te duele. ¿El doctor te dijo que descansaras o algo así?

—No, solo es que no funciona. No sale nada. No hay sonido. Como si alguien la hubiera apagado.

—¡Qué extraño! Eso es escalofriante. Eres como una especie de extraterrestre sin voz. Fantástico.

—Bueno. —Hizo un ruido entre silbido y susurro—. Me tiene un poco preocupado, para decirte la verdad.

—¡Oh! ¡Eso es bueno de tu parte! No creía que estuvieras siquiera preocupado por tu salud. Me da gusto que lo estés. Pero no te preocupes demasiado, el doctor te acaba de ver; te habría avisado si observó algo.

—No, no es eso. Me siento bien y esto pasará en un par de días. Estoy preocupado por... —Se inclinó para acercarse y pronunció las sílabas con gran esfuerzo—: La Promesa.

Escuché sin comprender durante un minuto o dos, solo asentí y sonreí ante las divagaciones de enfermo de mi padre. Pero entonces, lo que había dicho cobró sentido. Y de pronto yo también estaba preocupada. ¿Por qué no se me había ocurrido desde la mañana, cuando oí su voz o la falta de ella? Solo así tenía sentido, por supuesto, que él estuviera preocupado: durante La Promesa todo lo hacía con la voz. No había más que eso. Su voz nunca antes había representado un problema. Mi padre, como él mismo aseguraba, nunca se enfermaba. Ni siquiera estaba muy enfermo en ese momento, porque ya se sentía y se veía mejor. El único problema era su garganta, pero para ser un tubo tan pequeño era un problema sorprendentemente grande. Yo misma empecé a sentirme un poco enferma mientras me preguntaba qué pasaría con nuestra tradición.

Teníamos que resolver el problema. Los dos pasamos el día considerando diferentes soluciones. Le pregunté si, en caso de que me leyera un libro con ilustraciones y palabras grandes, podría pronunciar las frases mientras yo también las leía para mí misma.

No, creía que eso era trampa, pues consistía en leerme a mí misma mientras él solo veía. Pensó en leer algo que ambos supiéramos de memoria y que tal vez rimara, como un poema de Poe, de manera que yo sabría lo que él estaba diciendo aunque en realidad no lo oyera. Pero si mi idea no funcionó, la de él tampoco: tampoco leeríamos si ambos lo sabíamos de memoria. Era como recitar en sincronía y resultaba inaceptable. Cada vez que mi padre tenía una nueva idea, la anotaba en un cuaderno que dejaba junto a mi silla en la mesa del comedor. Pero al final del día, ninguna de nuestras ideas parecía más lógica que las primeras que tuvimos. Decidimos que ninguna estaba a la altura de las normas que habíamos establecido para La Promesa. En ese momento mi preocupación empezó a parecerse al pánico.

Saqué a mis gatos al pórtico para que juguetearan bajo supervisión. Era su parte favorita del día y una muy buena del mío porque me daba una oportunidad de pensar. Mientras estaba sentada en los escalones del pórtico y dibujaba con una piedra que había encontrado, con la consistencia de un gis, terminé por garabatear «La Promesa» una y otra vez. Escribí con cursivas, con letras grandes y disparatadas; en ocasiones con mayúsculas, con letra declarativa y tranquilizadora, pero casi siempre con mi pequeña y bonita letra de molde. Después de todos aquellos años, ya tenía quince; traté de imaginarme cómo se sentiría si La Promesa tuviera que terminar esa noche. Sabía que no podía pasar: si La Promesa terminaba de pronto, sería porque uno de nosotros no pudo llegar a casa. Si los dos nos hallábamos en el mismo lugar, como en ese momento y como lo estaríamos en la noche, continuaría. Encontraríamos una forma de hacerlo.

Pero una parte de mí se planteaba cosas como salirse por la ventanilla de un coche o ingerir accidentalmente suficiente pasta de dientes como para llamar al número de control de intoxicaciones impreso en el reverso del tubo. Y esa parte no ayudaba a que me imaginara cómo se sentiría si La Promesa terminaba aquella noche. Levantaríamos el libro y mi padre intentaría leer, pero las palabras simplemente no le saldrían; lograría emitir algunas, pero su murmullo se volvería totalmente inaudible y tendríamos que detenernos. Después de todo, no me leería si yo no podía entenderlo. Nos sentaríamos en silencio y sabríamos, simplemente lo sabríamos, que aquella era la última noche y no podíamos hacer nada para evitarlo. Sería triste, tal vez lo más triste que me hubiera pasado en la vida. Pensé que seguramente sería lo más triste que le hubiera pasado a mi padre. Más que nada, para él sería una derrota. Sabía que él no permitiría que eso sucediera.

Tomé la piedra con la que había hecho garabatos y subrayé las palabras: La Promesa. Lo escribí más grande, con confianza. Idearíamos algo, teníamos que hacerlo.

Nuestra decisión fue, en última instancia, seguir en lo posible nuestra rutina de siempre. Decidimos que leeríamos como siempre, pero más cerca, muy cerca.

—¡Ghhhhjhhh! —exclamó mi padre mientras se sentaba en el sillón. Nos habíamos reubicado de la cama al sillón para que pudiera sentarme junto a él y tener el mejor lugar, junto a su boca, de la que me mantendría lo más cerca posible.

—Te pediría que elevaras la voz, pero supongo que no sería divertido, ¿verdad?

—Acércate —entendí que articulaba con los labios. Su garganta sonaba aún más débil que antes.

Me incliné hacia él justo cuando le dio un ataque de tos y de inmediato salté hacia atrás. Tosió durante un tiempo, lo suficiente para darme oportunidad de subir las escaleras y buscar líquido desinfectante. Lo eché en sus manos, luego en las mías y después en mi cara.

Las mejillas se me enfriaron y secaron, pero al mismo tiempo me sentí más segura. Cuando volví a mi posición, lo hice con deliberadas precauciones.

—¿Me entiendes? —me di cuenta finalmente de que eso era lo que decía.

Mi oído estaba tan cerca de sus labios que podía escuchar cómo se formaba la saliva en su boca, entre las palabras. Mi padre, que aún odia la cercanía física bajo cualquier circunstancia, probablemente no había dejado que nadie se le acercara tanto desde que yo empecé a caminar o tal vez desde que él y mi madre estaban felizmente casados. Me di cuenta, al tiempo que sentía pena por ellos, de que yo no sabía cuál de esas cosas ocurrió primero. Sin querer ofenderlo, traté de evitar que cualquier parte de mi cuerpo lo tocara.

—Desde donde nos quedamos —empezó una vez que yo dejé de retorcerme.

Siempre me daba un recordatorio del capítulo que habíamos leído la noche anterior antes de adentrarnos en uno nuevo. Aunque *Maniac Magee*, la historia de un atleta huérfano que busca un hogar, no era particularmente difícil de seguir, esa noche agradecí la ayuda, de otra manera, lo único en lo que me hubiera concentrado habría sido en lo extraño de la situación. Imaginaba lo que el pie de foto diría si alguien nos retratara en ese momento y publicara la imagen en el periódico, como las fotografías de los niños que juegan con los hidrantes de bomberos, justo a un lado del pronóstico de un día especialmente cálido. Podría ser algo como: «James Brozina, de cincuenta y cinco años, lee a su hija, de quince. Debido a problemas médicos recientes, Brozina no pudo dar su opinión. Nadie puede explicar por qué su cara tiene un aspecto tan verdoso, ni por qué su hija está sentada tan cerca de él. Un lector de Vineland señala que en realidad no había contacto físico entre ellos. Ya se está investigando».

Sin embargo, volví a prestar atención el tiempo suficiente para darme cuenta de que mi padre hacía un trabajo excelente. La voz de bajo profundo que había creado para Earl, el cuidador del jardín zoológico, había subido una octava, y el sonsonete infantil de la bibliófila Amanda Beale era más bajo, pero las palabras se desenroscaban de su lengua de una manera hermosa e hipnótica. Las pronunciaba con seguridad, cerraba la boca firmemente después de cada frase, tomaba un respiro y empezaba de nuevo. Era obvio que tenía que esforzarse para lograr esa calidad. El sudor brotaba de su cara, pero ya no era por la fiebre. Se tensaba ocasionalmente para recuperar el uso de su garganta, pero se daba cuenta rápidamente de que allí no quedaba sonido alguno. Así que el murmullo se volvió más cómodo y usaba expresiones faciales para complementarlo. No era tan difícil de comprender. Él lo hacía parecer fácil, como siempre. No había duda de que había ensayado el capítulo muchas, muchas veces desde que se dio cuenta de que estaba enfermo.

Durante los tres días siguientes, su voz estuvo afectada. Cada una de esas noches practicó durante una hora, tal vez más, las escasas páginas que tenía que leer para mantener viva La Promesa de acuerdo con nuestras estrictas normas. Cuando su voz regresó por completo, justo al final de esa semana, no conseguía convencerme a mí misma de que aquello era mejor que como lo había venido haciendo recientemente. Indudablemente él estaba feliz de volver a ser el mismo, leyendo de acuerdo con lo que él percibía que era su estándar de calidad más elevado.

Yo recuerdo ese verano de manera un poco diferente que él. De junio a septiembre hizo calor, mucho calor. Las luciérnagas llegaban antes y en ocasiones se quedaban hasta horas avanzadas de la noche. Alguien en nuestra calle hizo una fogata en el exterior y olió a virutas y humo durante meses. Y hubo algo más, una sensación de alegría, de orgullo, por haber superado otro obstáculo. Nada podía interponerse en nuestro camino en aquel momento. Enfrentábamos con facilidad los desafíos que La Promesa nos imponía. Éramos valientes e invencibles. Y la voz hueca con que mi padre leía un cuento para niños era más hermosa que la más sólida de las interpretaciones de Shakespeare.

CAPÍTULO VEINTE
DÍA 2,340

—¡Qué pesadez! —masculló para sí—.
¡Qué manera de razonar tienen
todas estas criaturas!
¡Hay para volverse loco!

Lewis Carroll, *Alicia en el país de las maravillas*

Era uno de esos días cálidos y húmedos en que te quedas pegada a cualquier cosa que toques como si estuvieras hecha de jarabe de arce. En ese momento estaba pegada al asiento del carro, camino a Pennsylvania con mi papá y mi hermana, para visitar un museo y un par de jardines públicos. Mi padre se oponía por completo a encender el aire acondicionado en casa al menos hasta julio, así que la oportunidad de ir en el carro con las ventanillas abajo debía de entusiasmarme tanto como a cualquier perro de orejas caídas. Pero después de cuarenta y cinco kilómetros de viaje con el sol cayendo de mi lado sin descanso, la experiencia ya no me entusiasmaba tanto. Sentía el cuerpo hinchado por el calor, como una salchicha aplastada y a punto de reventar la envoltura. Me estiré para darle una palmada a mi hermana, quien pasaba una época en casa antes de empezar su primer trabajo de adulto de tiempo completo. Ella aún viajaba en el asiento trasero conmigo y yo quería agradecerle la visita con una palmada en la rodilla. Sin embargo, parecía mucho esfuerzo, así que solo moví mis dedos sobre ella mientras tarareaba en cualquier dirección. Ella iba leyendo un libro sobre antigüedades y rogando a mi papá que le bajara al CD de

154

Elvis o lo quitara, así que malinterpretó mi gesto amigable como un intento de hacerle cosquillas y me dio un manotazo. Ese fue un gran comienzo.

El único gran consuelo en mi sudoroso estado era Hank's Place. Apareciendo como un espejismo a la distancia, me cantaba dulcemente desde un lado de la carretera, ofreciendo sopa de chícharos y sándwiches de huevo con queso abundante todo el día. Era la quintaesencia de la fonda, con el lema «¡Donde la gente hambrienta come y los amigos se reúnen!», como si no hubiera otras opciones para ambas cosas. Hank's hacía que cualquier viaje, hasta uno caliente y pegajoso, valiera la pena. Si mi familia se encontraba por la zona, era una parada obligatoria. Ni siquiera había desayunado, preparándome para el festín.

Nuestro carro pasó por el estacionamiento y yo salté de inmediato, estirando el cinturón de seguridad y señalando como un perro de caza.

—Quiero llegar al museo Brandywine antes que la multitud —dijo mi padre.

—¡Pero yo no he comido!

—¿Y de quién fue esa brillante idea?

—Yo comí un platón de avena, pero sí podría comer. De todos modos, si regresamos en una o dos horas, todos tendremos más apetito —ofreció Kath.

Ella trataba de mantener la paz de forma lógica y sin tomar partido.

No hay nada más molesto en una discusión acalorada que alguien que quiere mantener la paz de esa forma. Le di un manotazo. Mi papá siguió manejando.

—Muchas gracias —siseé mientras me hundía en mi pose de muñeca raída que protesta.

—No hay problema —dijo ella con sinceridad y siguió leyendo su libro.

Cuando llegamos al museo, yo estaba decidida a recorrerlo y regresar a la comida lo antes posible.

—Hay una nueva exposición sobre patos esta semana —mencionó la mujer detrás del mostrador con alegría, mientras nos entregaba nuestras insignias de admisión—, y hay recorridos disponibles cada veinte minutos —añadió con suavidad, aunque nadie más parecía escucharla.

—No, gracias. Mi hermana les tiene un miedo horrible a los patos —respondí con un murmullo de simpatía, dando la espalda a mi familia y moviendo apenas los labios.

La mujer miró a Kath, se llevó la mano al corazón y asintió.

Finalmente estábamos listos para irnos y nos preparábamos mentalmente para soportar el peso del calor mientras abríamos las puertas de cristal. Nos las habíamos arreglado para recorrer el circuito en menos de media hora en total, y estoy siendo generosa. Sugerí una caminata por los jardines antes del almuerzo.

—¿Almuerzo? —preguntó mi padre—. Pensaba que comeríamos pastelillos en uno de los jardines.

—Oooh —convino Kath—. Vamos por un pastel de chocolate.

—No, no, no, hicimos planes de ir a Hank's.

El sol me estaba mareando, y la idea de comer algo pesado y dulce hizo que el estómago se me revolviera. Sin embargo, lo más importante es que tenía un problema de glucosa en la sangre y no podía ingerir dulces. Verbalicé mi preocupación.

—Huevito huérfano —dijo mi hermana, usando mi sobrenombre, y se rio.

—Tu vida es una tragedia shakespiareana —intervino mi papá.

El calor me estaba molestando, pero sus bromas eran peores. En un momento de confusión y resentimiento infantil, me fui a un rincón del jardín y me acuclillé junto a la estatua de un cerdo. Estaba hecha de bronce y me quemó el brazo.

«¿Qué le sucede a un sueño pospuesto?», escribí frenéticamente en una libreta que saqué de mi mochila, citando a Langston Hughes y tratando de actuar con filosofía a los dieciséis años. No podía pensar qué habría dicho él en caso de no poder ir a su restaurante favorito, así que tomé una foto de mi pie. Estaba molesta.

Vi que volteaban hacia mí y trataban de no sonreír.

—¡No es divertido! —les grité al final.

—No puedes conseguir un huevo frito, así que te escondes detrás de la estatua de un cerdo y escribes en tu diario —señaló mi hermana.

—¡No estoy escribiendo en mi diario! ¡Estoy reflexionando en mi libreta de reflexiones!

Ya no pudieron mantener la expresión seria.

—¿No podrías reflexionar en la siguiente parada, tal vez comiendo una galleta? —preguntó mi padre riéndose.

Salí resoplando y no dije una palabra. Cuando nos detuvimos en la cafetería del jardín, compré un sándwich con mi dinero y me negué a ver siquiera los postres.

Casi una hora después me dieron ganas de socializar de nuevo y de hablar con mi hermana, aunque aún no había perdonado su traición.

—¿Por qué traes un libro de texto? —le pregunté, señalando el pesado libro de referencia sobre antigüedades que había vuelto a sacar mientras nos dirigíamos a nuestra parada final.

—Estoy tomando una clase sobre muebles estadounidenses antiguos y quería prepararme para disfrutar el recorrido de casas que vamos a hacer en el Winterthur Estate —explicó.

—¡Ni de broma vamos a hacer ese recorrido! —interrumpió mi papá—. ¡Hace dos horas que debía estar tomando mi siesta! Vamos a dar una vuelta en el camión de nabos y regresemos a casa cuanto antes.

El tranvía del jardín era el «camión de nabos», término que él insistía en usar frente a los curadores del museo y los guías del recorrido. Por fortuna, siempre estaban demasiado confundidos como para ofenderse.

Kath tenía el aspecto de alguien a quien le acaban de informar que le han inyectado un veneno de acción lenta y mortal. Se puso pálida, abrió mucho los ojos y me apretó la mano.

—¿No… vamos a… ir al recorrido? ¡Es la única razón por la que vine el fin de semana!

—Creía que venías a casa porque me amabas —señalé.

—No —explicó.

Me quedé pensándolo por un momento.

—Hemos hecho ese recorrido un millón de veces. Si vamos a hacer algo adicional, debemos detenernos antes en Hank's. Y eso ni siquiera es adicional, porque de todos modos debimos ir allí antes.

—¿Qué harían si alguien les dijera que pueden comer gratis en cualquier cadena de restaurantes por el resto de su vida, pero tienen que dormir en un ataúd todas las noches en lugar de una cama? —preguntó mi padre.

Sus abominables preguntas hipotéticas eran un indicador seguro de que no nos estaba escuchando a ninguna de las dos. Kath me miró en busca de ayuda, pero yo recordaba mis momentos oscuros de hacía unas horas, suspirando por una sopa a la sombra de la estatua de un cerdo. Ella no fue a rescatarme. Negué con la cabeza y miré por la ventanilla. Mi hermana se acurrucó contra la puerta del carro y empezó a hacer berrinche. Nos miraba con ojos deprimidos y labios parados. Me recordó a Rabino cuando dejabas de mimarlo sin aviso previo. Yo no sentí pena alguna por ella.

Veinte minutos después, empecé a sentir mucha lástima.

—Siento que no vayas a ver sillas aburridas —dije en un tono tranquilizador.

Ella me miró con recelo desde su rincón, como una serpiente que está tratando de decidir si debe atacar o solo quedarse dormida hasta que me vaya.

—Siento que no te hayas llenado a reventar a costa de papá —finalizó ella, apiadándose.

Para sentirnos mejor, jugamos Cuentos de Colmillo. Era un juego que inventamos cuando heredamos la gata de mi abuela, que antes se llamaba Señorita Kitty pero que renombramos apropiadamente como Abuelita Colmillo, porque era vieja y mostraba mucha afición por morder. Ella destilaba odio absoluto como ninguna otra criatura antes o después. Para jugar, solo necesitabas pensar en un escenario y explicar cómo Abuelita Colmillo lo destrozaría. Por lo general, su método incluía sus famosos colmillos.

—Muy bien, digamos que tu novio está a punto de proponerte matrimonio.

—Demasiado fácil —dijo mi hermana—. Abuelita Colmillo me mordería el dedo hasta arrancarlo para que no tuviera dónde poner el anillo.

—¿Y qué tal el día de tu boda?

—Aún más obvio… Hincaría su colmillo en suficientes lugares como para llenar de sangre todo mi vestido.

—Haces que suene como una corrida de toros.

—Sí, pero más violenta.

Empezamos a reírnos hasta que mi papá gritó desde el asiento de delante.

—¡Corten eso! ¿Qué dijeron de mí?

Nos miramos la una a la otra.

—Nada. Estábamos hablando de la Abuelita Colmillo.

—¿Quién me llamó toro viejo?

—Uno, ese ni siquiera es un insulto de verdad. Y dos, nadie lo dijo —explicó mi hermana.

Mi padre mantuvo los ojos en el camino, pero su cara empezó a enrojecerse.

—No me gusta que estén secreteándose allá atrás.

—¡Estamos hablando a un volumen normal!

—Recuerda que estás casi sordo, papá.

Él se estiró hacia la guantera.

—Si no van a incluir a todos, no van a hablar en mi carro —dijo sacando un CD de Elvis.

Oprimió el botón de reproducción, subió el volumen y nos pasamos el resto del camino a casa sin pronunciar palabra.

Cuando llegamos, me leyó un libro que terminó siendo uno de mis favoritos de La Promesa: *Surviving the Applewhites* de Stephanie S. Tolan. Al principio me gustó porque los personajes estaban montando una producción de *La novicia rebelde*, y en esa época los musicales eran una parte importante de mi vida. De los libros que leímos, era el primero que trataba sobre teatro, y sentía una conexión especial. Pero

159

esa noche la conexión se volvió más profunda, mientras consideraba a la familia Applewhite por lo que era: ocho personas muy diferentes que, al menos en su mayor parte, parecían pasarla bien mientras vivían bajo el mismo techo. Vivían apretujados y a pesar de ello recibían visitas en casa y disfrutaban la vida por completo. ¡Una familia de ocho! No podía imaginarlo. Cada vez que Kath venía a casa, nos volvíamos tres y ni siquiera podía manejar esa situación. La casa se sentía pequeña y estrecha, y no podíamos encontrar la manera de convivir. Deseaba que fuéramos como los Applewhite, pero no lo éramos.

Lo sucedido aquel día era solo otro ejemplo, y no sabía si reír o llorar, porque siempre sucedía eso: me enojaba pero me arrepentía cuando Kath se molestaba, y ella solo volvía en sí cuando mi papá perdía la paciencia. No queríamos admitirlo, pero nos habíamos acostumbrado a vivir separados. Estar juntos significaba que alguien se sentiría atacado o victimizado por los demás, sin importar lo que estuviéramos haciendo. Podía esperar hasta Navidad, o tal vez un fin de semana largo, pero casi todo el tiempo éramos incapaces de imaginar nuestra dinámica de grupo porque, a pesar de que todo saliera bien, mi hermana se iría de nuevo y tendríamos que empezar de cero en la próxima visita. Todos nos sentíamos culpables, pero parecía que no podíamos hacer nada. Las disculpas no significaban gran cosa cuando todos se sentían tan mal. Y ni siquiera éramos suficientes para montar una producción de *La novicia rebelde*, como hacían los Applewhite.

Esa noche, después de que mi padre cerró el libro, me paré en la puerta de la recámara de mi hermana mientras ella terminaba su rutina nocturna de rezar junto a su cama.

—¿Qué crees que haría Abuelita Colmillo si fuera la anfitriona de tu visita? —pregunté.

Kath se metió en la cama, jaló las cobijas y apagó la luz.

—Quizás tan solo nos pondría en el mismo cuarto. Ese sería su truco más cruel.

Regresé a mi habitación y me senté en la orilla de la cama, abrazando mis piernas para que se juntaran con mi pecho.

—Esto va a mejorar —les dije a mis rodillas para tranquilizarlas.

CAPÍTULO VEINTIUNO
DÍA 2,578

Algo… me permitió hacer cosas que nunca
había hecho, que nunca pensé que haría.
Algo desarrolló esas partes que había incubado.
Cosas que habían descansado en mi interior,
ovilladas como las tortugas que recién salen del cascarón,
tomándose el tiempo necesario para estirarse y
tomar forma en la oscuridad de su nido.

E. L. KONIGSBURG, *Retrato del sábado*

Mi nombre completo es Kristen Alice Ozma Brozina. Los nombres son divertidos. Los padres pasan meses, a veces años conversando y sopesando opciones; a menudo deciden uno antes de que te conviertas en una criatura que respira o esperan hasta que salgas, toda sonrosada, regordeta y tal vez calva, para darse cuenta de que, de alguna manera, saben que eres un Juan, un Pedro o una Rosa… o una Kristen.

No siempre se supuso que fuera Kristen. Al principio, era una JJ. El ultrasonido de mi madre mostró claramente, más allá de toda sombra de duda, que yo era niño, lo que fue un truco muy inteligente, si me lo preguntan. Así que cuando salí sin lo necesario para ser James Junior, en ese mismo instante mi mamá decidió llamarme Kristen, porque una de sus antiguas estudiantes se llamaba así y, al parecer, la niña era muy agradable. Fue un nombre de último minuto, y yo notaba que no era el adecuado para mí, estoy segura de que ya entonces lo sentía.

Muchas personas dicen que el mundo no está preparado para ellas, pero en mi caso es literal. Después de quitarle a mi padre la oportunidad de tener un hijo con su mismo nombre, mis padres me llevaron a casa y me mudaron al cuarto de Phil Collins.

—¿Qué hace uno en un cuarto de Phil Collins? —me preguntó un amigo hace poco.

—Apreciar a Phil Collins.

—¿Necesitas un cuarto completo para hacerlo?

—No. Necesitas medio cuarto. Puedes tener un bebé en la otra mitad.

Había fotografías, discos y carteles, todo mezclado con decoraciones de bebé amarillas y azules. Un cartel en particular se quedó grabado en mi mente, porque de alguna manera conservó su lugar en mi puerta varios años después de que desaparecieran los demás artículos de colección; anunciaba la Gira Invisible de Génesis, algo que siempre me pareció confuso.

—En serio, ese concierto fue probablemente un desperdicio de dinero, no creo ni siquiera que estuvieran allí. No sé si una persona puede ser invisible, probablemente sí, pero no creo que toda una banda pueda serlo, por lo menos no al mismo tiempo. Espero que al menos los boletos fueran baratos —le dije a mi madre mientras me ponía mi pijama.

Así que viví en el cuarto de Phil Collins y me llamaba Kristen porque no podía llamarme James. Y todo el tiempo supe que eso no estaba bien. Pero me tomó dieciséis años cambiar ambas cosas.

Cuando pasé a segundo año de preparatoria, decidí que mi recámara necesitaba un cambio radical. Siempre había sido un revoltijo, pero me di cuenta de que, quizás, era porque no sentía que fuese mío. Así que descolgué todos los viejos carteles y los reemplacé con fotografías de mis amigos. Enrollé la alfombra y pulí el piso. Limpié, decoré y me di cuenta de que en el momento en que sentí que el espacio estaba destinado a ser mío, no de Phil Collins, quise mantenerlo arreglado. Padres, por favor tomen nota: tal vez una capa de pintura de color morado brillante o unos cuantos carteles de heavy metal no sean una idea tan mala, después de todo.

Y mientras reclamaba cosas, me imaginé que mi nombre podía muy bien ser una de ellas. Así que gradualmente empecé a hacerle saber a la gente que no quería que me llamaran Kristen.

—¿Cómo quieres que te llame? —me preguntaban.

—De cualquier modo, supongo, menos Kristen.

Se sentía extraño decirlo, aunque siempre lo había pensado. Pero como nunca le dije a nadie algo específico, tenía un revoltijo de nombres. Sin embargo, en realidad quería que la gente me llamara Alice Ozma.

Alice. Ozma. Alice y luego Ozma. Sonaban perfectos juntos, como dos nombre hechos para estar unidos y sonar mejor que solos; Billie Jean, Cindy Lou, Sara Jane, pónganse a cubierto. Me encantaba escuchar los sonidos uno tras otro, la manera en que se enrollaban en mi lengua y permanecían en el aire, colgando allí por un segundo como el aliento caliente en un día frío. Alice, un nombre perfectamente estadounidense, saludable y tranquilo, era seguido de forma sorprendente por Ozma, una gema exótica de cabello oscuro que suele provocar preguntas que me encanta responder.

Mis padres hicieron el trato de que mi madre escogería el primer nombre de las niñas y mi padre los siguientes, y viceversa, así que Alice y Ozma se deben a él. Son nombres apropiados para la hija de La Promesa, aunque todavía no era esa niña cuando él los eligió. Mi padre quería ponerme un nombre en honor a mujeres fuertes de la literatura. Por fortuna, ya contaba con alguna experiencia leyéndole a mi hermana y tenía dos damas jóvenes específicas en mente.

Alice, de *Alicia en el país de las maravillas* de Lewis Carroll, está llena de preguntas y satisfecha con admitir que no siempre conoce las respuestas. Ella considera, se pregunta y, por supuesto, comete errores. Fue una elección lógica como segundo nombre. Pero mi padre quedó indeciso cuando pensó en Ozma, una heroína en todos los libros de la serie de Oz de L. Frank Baum, excepto el primero y más conocido. Ozma es la inteligente, inquebrantablemente justa gobernante de la tierra de Oz, quien se hace amiga y guía de Dorothy; es lógica, amable y leal. Y mi padre se vio enfrentado a una decisión. Así que en lugar elegir uno, los puso juntos y le gustó cómo sonaban. Alice Ozma. Naturalmente. En eso me convertí.

Esos eran los nombres que más me gustaban, los garabateaba en libretas y me esforzaba por firmar todo con mi nombre completo y legal en un esfuerzo por incluirlos. Cuando la gente me preguntaba su significado, me encantaba contarles la historia, sin importar la frecuencia con que pasara. Cuando lo adivinaban, sabía que había encontrado a alguien que se convertiría en mi amigo de inmediato.

A los diecisiete, cuando cautelosa y nerviosamente empecé a pedirle a la gente que propusiera algo, cualquier cosa que no fuera Kristen, muchas personas se sorprendían. A ellas les sugería Alice Ozma.

—Es muy literario, pero con un subtexto terrenal —decía yo, como si fuese un vendedor de puerta en puerta. Suena como la lluvia de verano, o tal vez como el jazmín. Cuando los dices juntos son la cosa más lógica del mundo.

Y si se resistían, yo decía:

—Bueno, por lo menos puedes probarlo.

Pero quería estimular el esfuerzo. Uno de mis maestros afirmó una vez que para encontrar tu lugar en la preparatoria tenías que vender tu marca, así que yo empecé a vender Alice Ozma en cada oportunidad. Tenía un blog de Alice Ozma, el mismo *nickname* para chatear con mis amigos en línea y una dirección de correo electrónico con las mismas dos palabras. Firmaba las notas como Alice Ozma. Cuando empecé a tomar lecciones de arte simplemente garabateaba «Ozma» en la esquina de mis pinturas para ahorrar espacio, pero se veía solitario. Necesitaban estar juntos, como una pareja, o tal vez como un número de malabares.

Con el tiempo, la mayoría dejó de llamarme Kristen, pero para decepción mía, Alice Ozma en realidad nunca pegó. Solo aquí y allá con algunas personas, en ciertos círculos, en ciertas ocasiones.

—¿Por qué nadie me llama como quiero que me llamen? Me refiero a que es mi nombre. Yo no lo inventé —le pregunté una noche a mi padre, después de nuestra lectura.

—Solo están celosos. Les carcome la envidia porque sus padres escogieron sus nombres de libros para bebés.

Él levantaba la cabeza y la apoyaba sobre sus manos, siempre orgulloso de hablar de su habilidad como padre.

—¿Crees que es algo que tengo que cuidar para que crezca, como el pelo?

No me había cortado el cabello durante un año y, aunque el largo parecía apropiado, no se veía muy bien en mi cabeza. Él frunció el ceño e hizo un gesto como si soplara a una vela.

—¿Dices en serio eso del pelo? Pareces una criatura del pantano.

Era una suerte que tuviera una autoestima decente.

»¿Recuerdas la película *El ataque de las musarañas asesinas*, donde usan perros con alfombras en el lomo para hacer de monstruos? Así es como se ve.

Sí, en realidad esa autoestima era necesaria. No creía que la gente estuviera celosa, como sugirió. Si acaso, algunas personas pensaban que los nombres y las historias de los que provenían eran un poco intelectualoides. Eran personas que probablemente no habrían apreciado La Promesa. Así que en algunos grupos de gente mantenía para mí las preferencias sobre mi nombre y mis experiencias de lectura. Sin embargo, de vez en cuando, al pedir que no me llamaran Kristen y contar mi historia, veía un parpadeo. Los ojos de un nuevo amigo brillaban.

—¿En verdad? ¿Es cierto? ¿Tu credencial de la escuela dice eso? —me decía. Y yo se la mostraba.

—¡Guau! Esto es genial, de veras, muy genial. Es diferente. ¿Así que a tu padre le gustan los libros? ¿Te leía mucho cuando eras niña?

Tenía dieciséis y, como cualquier joven de esa edad, estaba insegura de lo que la gente pensaría si supiera más acerca de mí o de mi familia. Pero si mostraban interés sincero en mis nombres, hacían preguntas y sonreían en los momentos adecuados, sabía que estaba a salvo. Ese era el mejor momento de todos, porque había algo que quería decirle a alguien que no se riera.

—Bueno. ¿Tu familia tiene alguna… tradición? —empezaba yo.

CAPÍTULO VEINTIDÓS
DÍA 2,740

Solo piénsalo: no tienes nada
que temer por el resto de tu vida.
Aunque te pongas los pantalones al revés
o vistas calcetines de dos colores diferentes,
un sombrero con uvas y un pañal, nunca
te sentirás tan estúpido como hace un momento.
Obviamente nunca volverás a sentirte avergonzado.

STEPHEN MANES, *Be a Perfect Person in Just Three Days!*

Lo que define al teatro comunitario es que requiere tiempo. Todos los pasatiempos lo exigen, eso es obvio. Pero en el teatro es habitual que no fijes tu propio horario, y ahí está el problema para una hija de La Promesa.

Cuando participé por primera vez en una obra, no exitía La Promesa. A los cuatro años, con todo gusto ayudé a una preparatoria local que buscaba a una niña para una pequeña parte en su musical de primavera. Disfruté la experiencia enormemente y seguí participando en muchas producciones, sin preocuparme demasiado por el tiempo que tomaba ni por los ensayos hasta horas avanzadas de la noche. Sin embargo, cuando empezó La Promesa, esas largas noches se volvieron un problema.

Era una noche de otoño brillante, clara y absolutamente perfecta. Debía ser invierno, pero por alguna razón no lo era. Aún no. Las hojas permanecían en los árboles con todo su poder, bailando por la brisa y

166

mostrando sus rojos y dorados como para desafiar a las heladas que se avecinaban con lentitud. No podías ver tu aliento, pero necesitabas un suéter si salías mucho tiempo después de que oscureciera. En mi opinión, era el clima perfecto para muchas cosas: comprar jarabe con sabor a calabaza, hacer sándwiches de helado usando galletas de jengibre o sentarse en el pórtico del frente con un vaso de sidra, esperando atrapar el glorioso aroma de algunas hojas quemadas. Como el otoño es mi estación favorita, diría que es el clima perfecto para casi todo. Pero de ninguna forma, ni siquiera en su mínima expresión, es un buen clima para la vergüenza absoluta. No estoy segura de qué clima sería el apropiado. Probablemente la nieve, la lluvia o cualquier otra condición que cree visibilidad limitada.

Me encontraba en un ensayo para la producción de un musical más bien oscuro y anticuado, acerca de valores familiares e ideales estadounidenses. El ensayo había terminado casi una hora antes. En ese momento estábamos recorriendo el tedioso proceso de las notas. En el teatro, las notas son casi cualquier cosa, buena o mala, que el director, el director musical, el coreógrafo, el diseñador de vestuario, el personal técnico o los demás integrantes en general indican acerca de la producción. Para una escena de cinco minutos, las notas pueden durar fácilmente de quince a veinte. Una vez tuve un papel de treinta segundos en el que no hablaba y recibí más de cinco minutos de notas, que iban desde mi postura hasta el ángulo de mi sombrero. Las notas se vuelven un proceso largo.

Me habían incluido en el coro de aquella obra en el último minuto, cuando el director se dio cuenta de que ninguna de las cantantes era soprano. Mi trabajo consistía en cantar en un registro alto, atravesar el escenario con un chal y entregar un libro a uno de los personajes principales en ese momento. No tenía diálogos ni solos, lo que me caía bien por mi apretado calendario. Pero como mi trabajo consistía básicamente en mezclarme con la multitud, siempre deseaba saltarme las notas.

Estaba sentada a la orilla del escenario con los pies colgando y mirando el reloj. La última hora, más o menos, pareció avanzar a la velocidad de la luz. Apenas hacía un minuto estaba haciendo un hoyo en el tobillo de mi pantimedia y el reloj claramente decía 10:45. Ahora el hoyo era apenas un poco más grande, la piel de abajo solo estaba un poco irritada por rascarla, y eran las 11:30. Puse la cabeza entre mis manos y traté de no moverme, en un esfuerzo por parecer perfectamente tranquila. En caso de que alguien me viera, tal vez supondría que estaba cansada y ansiosa por ir a casa y dormirme, lo que habría sido muy razonable para alguien que tenía que ir a la escuela al día siguiente.

Sin embargo, en realidad estaba cruzando los dedos y esperando, contra toda esperanza, que mi padre no fuera a atravesar la puerta. Aún no tenía un teléfono celular, pero le dije que le pediría uno prestado a alguien y lo llamaría cuando el ensayo estuviera por terminar, para que pudiera recogerme. Planeaba llamarlo cuando llegáramos a las notas del segundo acto, pero aún no estábamos a la mitad del primer acto, y sabía que él estaba entrando en pánico, preocupado de que no tuviera tiempo de hacer nuestra lectura antes de medianoche. Si no estaba conduciendo ahora mismo, ya se habría estacionado afuera, practicando la lectura a la luz de una lámpara, levantando ocasionalmente el haz de luz para revisar su reloj y acercarse nerviosamente a mirar por la ventana.

Podía imaginarlo con mucha claridad, porque cosas similares habían pasado antes. Se hacía tarde en los ensayos y mi papá aparecía, libro en mano y haciendo gestos para que pasáramos al fondo del auditorio. Pero un teatro suele ser un lugar lleno de gente y hay tanto escándalo que un hombre canoso de pie en las sombras puede pasar inadvertido fácilmente.

En esas situaciones, le hacía un gesto y trataba de comunicarle que podía esperar afuera si quería; me encontraría con él en cuanto tuviera un descanso entre mis escenas. Hasta un personaje principal suele estar fuera del escenario una cantidad decente de tiempo, así que corría al estacionamiento, me sentaba en la capota del carro o me recargaba contra un edificio y escuchaba durante diez minutos, más o menos, antes de regresar corriendo adentro. Si me había saltado alguna entrada, por lo general siempre daba una excusa vaga como «Lo siento, tenía que salir». La Promesa podía resultar embarazosa en el contexto correcto o equivocado, pero más que nada era difícil de explicar. Cuando lo hacía, siempre tenía que contar la historia completa, porque «Lo siento, mi papá tenía que leerme unas cuantas páginas de Sherlock Holmes antes de medianoche» por lo general aumentaba la confusión.

Mi preocupación, en este caso, era que no había un rincón oscuro donde él pudiera esperar tranquilo y me hiciera señas. Estábamos ensayando en una habitación más bien pequeña porque el grupo se encontraba en el proceso de buscar un nuevo teatro, y el espacio era reducido, estaba lleno de gente y de luz. Si se juntaba todo el reparto, apenas cabía en el escenario, de modo que alguien tenía que escurrirse a las sillas dispersas por el lugar. El propio director y unos cuantos adolescentes guapos estaban sentados exactamente enfrente de la puerta que daba al estacionamiento.

Empecé a hacer aún más grande el hoyo de mi pantimedia. Traté de elaborar un plan. Si pedía permiso para irme, no me lo darían; alguien más lo había intentado y el director insistió en que si él se tenía que quedar, todos nos teníamos que quedar. Podía ir al baño y ver si había una puerta en el corredor de atrás, pero corría el riesgo de no estar a la vista cuando mi padre entrara, y lo único que lograría sería que se preocupara más. Pensé en decir que iba a sacar algo de mi carro, pero como siempre andaba buscando que me dieran un aventón, todos en el reparto sabían que no manejaba. Podía decir que mi papá me esperaba en el estacionamiento para decirme algo, pero me acusarían de revisar un celular durante la notas; de otra manera, ¿cómo sabía que estaba allí? Eso estaba estrictamente prohibido.

Sentía como si me fuera a hundir en el escenario. No podía decir que estaba aterrada por la idea de que mi padre viniera al ensayo. Pensaba, sobre todo, que era porque no tenía idea de lo que él diría o haría. Muchas cosas podían pasar, y solo veinte por ciento de ellas no resultarían particularmente vergonzosas. Creo que la raíz de la vergüenza está en sentirse completamente incomprendida, en tener que explicar las cosas una y otra vez pero con la certeza de que no le parecerá muy sensato a nadie, aunque lo intentes. La Promesa siempre planteó ese problema. Nadie la entendería; por lo tanto, era un poco embarazoso. Resultaba interesante, y era un estupendo inicio de conversación cuando se hablaba con alguien que lo entendía, sí. Pero a los dieciséis años, cuando sentirse incomprendida es tan normal como que te salgan espinillas y pensar que eres la primera persona en comprender verdaderamente a los Beatles, La Promesa podía ser igual de difícil. En ocasiones, no me sentía orgullosa de ella. Ojalá pudiera decir otra cosa.

Me senté e imaginé tantas veces que la puerta se abría que cuando finalmente se abrió no reaccioné. No podía asumir que esa vez no lo estaba imaginando. Mi papá entró y miró alrededor, pero por alguna razón no vio que yo le estaba haciendo señas con la mano desde el escenario. Las luces brillantes pueden cegarte, sobre todo cuando entras desde un lugar oscuro. Se cubrió los ojos y los entrecerró, recorriendo un pequeño círculo, hasta que el director finalmente dijo, con un tono que sonaba molesto:

—¿Puedo ayudarle en algo?

—Necesito hablar con mi hija —fue todo lo que mi padre respondió en ese momento.

Lancé un suspiro de alivio porque había dicho la palabra «hablar» y no «leer». Luego inspiré y contuve la respiración, preguntándome qué diría el director. Él era un hombre agradable, paternal y cariñoso, pero el ensayo había salido mal y estaba perdiendo la paciencia.

—Lo siento —dijo—. Comprendo que sea tarde y me disculpo por tenerla aquí. Pero estas notas son importantes y creo que ella desea oírlas. Terminaremos en veinte minutos o menos, si gusta tomar asiento.

La entrada de mi papá había detenido el final de un ensayo que ya duraba siete horas, y la gente empezó a murmurar. Estaban tratando de imaginarse quién era, y aunque no me habría importado decírselo, no había manera de informar a toda la multitud sin ponerme de pie en el escenario. Le hice una seña de nuevo con el brazo, pero ni siquiera estaba mirándome.

—Bueno, eso no me sirve. Tiene que ser ahora mismo —dijo mi padre con brusquedad.

De pronto tuve una idea, simple pero clara y efectiva: mi padre solo necesitaba decir «Es urgente» y no había duda de que me dejarían ir, al menos por unos minutos. La idea era vaga pero seria. La gente supondría que alguien en la familia había muerto. Sentirían pena por nosotros mientras nos dirigíamos a la salida, en lugar de mirar a mi padre con desprecio, como lo hacían en ese momento. Cerré los ojos y traté de enviarle el mensaje telepáticamente, pero mis habilidades no eran tan buenas como deberían, porque eso no fue lo que dijo.

—Necesito leerle antes de la medianoche —señaló en una voz que claramente tenía la intención de ser un susurro.

Como le recordaba constantemente durante conciertos y conferencias, mi padre aún tenía que aprender cómo sonaba en realidad un susurro. Su versión empeoró la situación, porque era perfectamente audible pero le añadía un tono de conspiración a su voz. Luego me vio por fin y me señaló. No sé cómo logró localizarme, porque me había agachado como una muñeca de trapo y trataba de enterrarme entre los pliegues de mi vestido. Tal vez mi cara roja atrajo su atención. Muchos voltearon a ver. Casi podía escuchar cómo levantaban sus cejas.

—¿Qué? —preguntó el director mirándolo y obviamente suponiendo que había escuchado mal.

Mi papá solo asintió y me señaló de nuevo. Lancé una débil sonrisa y esperé que el calor de mi cara disparara la alarma contra incendios, así tendría una excusa para salir por la puerta de atrás.

—Déjela ir —susurró alguien cerca de mí—. No me voy a quedar sentado aquí toda la noche.

Hubo un murmullo general que el director debió de escuchar porque, después de mirar a mi padre por un momento, dijo:

—Bueno, entonces está bien.

Mi papá esperó en la puerta mientras yo bajaba las escalerillas y me abría paso hasta él, escuchando las preguntas de la gente alrededor.

—¿Qué dijo que tenía que hacer? ¿Leerle qué?

—¿Tiene algo que ver con la religión? —me preguntó alguien casi de mi edad, que tiró de mi dobladillo mientras pasaba a su lado.

Al final llegué a la puerta. Antes de irme, como era costumbre, abracé y le di un beso al director como despedida. Él parecía confundido, pero le sonrió a mi padre sobre su hombro para convencerlo de que todo estaba bien. Solo cuando se cerró la puerta detrás de mí pude escuchar su anuncio.

—¡Bueno, nadie más sale de aquí hasta que termine con las notas!

Como no lograríamos llegar a casa antes de medianoche, leímos un capítulo de *Diez negritos* de Agatha Christie en el estacionamiento, recargados contra el carro. Mi padre sostuvo su lámpara sobre las páginas, a pesar de que era muy fácil ver con el alumbrado público. Cuando estábamos por terminar, el reparto empezó a dirigirse a sus coches. La mayoría fingió que no veía a mi papá leer, lo que hizo todo más extraño. Lancé una gran sonrisa, pero mantuve mis ojos en el libro. Por lo general, aun una mirada al texto hacía que mi padre se cohibiera. Sin embargo, aquella vez no dijo una palabra. Dejó que mirara las palabras que estaba leyendo y, al terminar, cerró el libro y entró en el carro de prisa y en silencio.

Para mi sorpresa, habíamos llegado a un entendimiento. Él sabía que, al menos por un momento, me sentí avergonzada de La Promesa. Y esa era la razón por la que estaba avergonzada, más que por cualquier otra cosa que hubiera pasado esa noche.

CAPÍTULO VEINTITRÉS
DÍA 2,986

No podía jugar sin esperanza;
no podía jugar sin un sueño.

GARY PAULSEN, *El hacha*

—¿Viste si llevaba anillo?

—No, tenía las manos en la masa. No pude pedirle que las sacara de allí.

—Podrías haber tratado de estrechar su mano.

—¡Caray, Lovie! Creo que otra vez tienes razón. ¿Debemos regresar?

—No, ahora sería obvio.

—¿Qué tal si actúo como si acabara de recordar que quería un rol de canela?

—Creo que ya hay uno en la bolsa.

—¡Lo crees! ¿Hay uno o no? ¡Revisa!

—Sí. En realidad hay dos.

—Ay, ¡caray!

—Espera, creo que ella se acerca a la ventana. Tal vez pueda echarle un buen vistazo. Quédate aquí y actúa como si te estuvieras comiendo la dona.

Tenía más experiencia como celestina que la mayoría de las adolescentes. En ocasiones un papá solo necesita que le echen una mano.

—¿Por qué voy a actuar como si comiera una dona? ¿No puedo simplemente comerla?

—Sí lo tiene. Tiene un anillo.

—¿Un anillo de bodas?

—Eso parece. Uno de oro.

—Caray. Lovie, somos unos tontos sin remedio.

Hay muchas cosas que mi padre hace bien. Es muy hábil para analizar el beisbol y para dar instrucciones de manejo, hasta tiene muy buena mano para dibujar. Pero nunca ha sido particularmente bueno, o tal vez la palabra sea afortunado, cuando se trata de citas.

Eso no significa, por supuesto, que no haya tenido citas. En alguna época de su vida debió de salir con mi madre. Y luego fue soltero y empezó a salir con Lee.

Lee era una mujer delgada, de pelo rubio y rizado, y hombros felinos. Estaba entre los espectadores de la matiné de una de mis actuaciones en preparatoria y se me acercó después para saludarme.

—Tal vez no me recuerdes —empezó.

No la recordaba.

—¡Por supuesto que sí! Tú eres, hmm…

—¡Lee! Trabajaba con tu papá. Bueno, solo quería que supieras que hiciste un gran trabajo allá arriba.

Tenía una sonrisa agradable y olía a hogar.

—¡Gracias! Gracias por venir. Le diré a mi padre que te vi.

—¡Sí, por favor!

Aunque me agradaba, se me olvidó. Unas semanas después, mi padre dijo que iba a salir esa noche con Lee.

—¡Oh! Fue a ver mi obra. Se supone que tenía que decirte.

—Lo sé. Me envió una carta.

—¿Una carta? ¿Qué decía?

—Que siente algo por mí, pero no sabe qué es.

—¡No dice eso!

—Si no lo dice con esas palabras, de todos modos esa es la idea general.

Nunca se me había ocurrido que mi padre quisiera salir con alguien. Nunca había mencionado mujeres, ni siquiera de pasada, aparte de para señalar nuestra capacidad mental superior. En lo que después comprendí que era un esfuerzo por estabilizar nuestro hogar y dejar en claro que mi hermana y yo éramos sus verdaderas prioridades, mi padre se había pasado seis años sin una mujer en su vida. Antes de aquel momento, no había considerado lo extraño que era eso. Cuando llegó más tarde esa noche, sonriente y silbando mientras se preparaba una taza de té, me pregunté cuánto tiempo habría pensado en ese momento, si habría sentido mariposas. Dos semanas después, le pedí permiso para salir a mi primera cita.

—¿Puedo salir a dar un paseo por la costa con Ben? —susurré por la apertura de su puerta mientras despertaba de su siesta, ya más relajado.

—¿Quién más va a ir?

—Nadie. —Cerró sus ojos por un minuto y pensé que se iba a dormir de nuevo.

—Si planeas estar fuera hasta tarde, es necesario que leamos primero —dijo sin abrir los ojos.

Mientras me vestía para la gran noche, consideré la posibilidad de que también regresara silbando; lo hice. Para el final del verano ambos teníamos una relación.

Cuando salíamos la misma noche, intercambiábamos comentarios mientras nos preparábamos. Eso solía consistir en que él me hacía notar que estaba en gran forma y que cualquier ropa le quedaba bien, aunque algunas le iban mejor que otras. Luego le preguntaba qué pensaba de la mía; ambos mirábamos con atención y hacíamos observaciones sobre el color o la tela. Si había tiempo, él me pedía que le pasara todo el conjunto para que pudiera plancharlo, porque le encanta la ropa bien planchada.

—Solo tomará unos minutos y vas a pasar de verte como una guerrera mono horriblemente arrugada a verte como alguien distinguida.

Nunca me había parado a pensar quiénes eran esos guerreros monos o qué horrenda experiencia los dejaba con los cuerpos arrugados, pero tener un padre que adora planchar siempre ha sido una ventaja.

Ambos mantuvimos nuestras respectivas relaciones durante unos cuantos años, incluso llegué a preocuparme por Lee. Ella tenía hijos propios y me tomó bajo su ala sin pensarlo: me hacía canastas de Pascua, horneaba para mi cumpleaños y acompañaba a mi padre a cualquier evento en el que yo necesitara aplausos. Hasta llegó a llevarse bien con mi madre. Empezábamos a sentirnos como una familia, desequilibrada pero de alguna manera lógica y feliz. Y entonces, nadie entendió realmente lo que pasó.

Unas semanas antes de mi baile de graduación de la preparatoria, me encontraba sentada en el comedor, veía un juego de los Phils al que mi padre asistió en persona, y además tenía todas las luces de la casa prendidas. Quedarme sola todavía me ponía nerviosa. Pensaba que cualquier ruido indicaba que alguien se había colado a nuestro pórtico, de modo que casi corrí al teléfono cuando me di cuenta que realmente había alguien allí. Al ver que se trataba de Lee, suspiré y me reí; fui a la puerta para dejarla entrar. Pero cuando llegué, ella se alejaba ya por el camino de entrada. En el pórtico había un regalo de graduación anticipado para mí, un magnífico juego de maletas de color verde selva con una tarjeta adorable. Junto a las maletas, en una pila bonita y bien hecha, todos los regalos que mi padre le había dado me miraban con arrepentimiento.

—Simplemente no entiendo —lo escuché decir al teléfono esa noche. Luego hubo una pausa. ¿Estás segura? —Otra pausa, esta vez más corta—. Bueno, no voy a rogarte —dijo y colgó el teléfono.

Después de dos años, la conversación duró menos de treinta segundos. Él estaba sorprendido.

Pareció molesto durante uno o dos días, pero luego empezó a repetir, como un boxeador con un mantra, las mismas frases generales: «Ella fue un gran hallazgo, pero yo también lo soy. Voy a seguir adelante y a encontrar a alguien mejor. Si no me quiere, al diablo con ella. Otra persona aprovechará la oportunidad. Estoy en gran forma».

Salía a citas. Muy pronto se dio cuenta de que, a pesar de que había mujeres disponibles e interesadas, habría de empezar desde cero. Extrañaba la comodidad de la relación. Extrañaba a Lee.

Así que dedicó unos meses a tratar de descubrir lo que había pasado entre ellos. Trató de dejarle notas, hacer pequeñas demostraciones y encontrar la manera de que supiera que aún pensaba en ella. Incluso se presentó una oportunidad dorada cuando una amiga dijo que había visto una foto de mi padre en el escritorio de Lee, mucho después del rompimiento. Animado por la esperanza, mi padre la llamó por primera vez en meses. Resultó que la foto era de otro hombre de pelo cano.

Volvió a tener citas con mujeres, pero como no lo había hecho en años carecía de práctica. Lee lo había buscado y no había tenido ninguna otra cita desde que se fue mi madre. Al principio, sus expectativas eran muy altas: buscaba a alguien en gran forma, que pudiera cocinar y quisiera ser parte de la familia, que le gustara viajar y en ocasiones escuchara a Elvis. Buscaba a Lee. Aunque lo convencí de que bajara sus expectativas un poco, su suerte no mejoró demasiado.

—¿Cómo te fue en tu cita a ciegas? —le pregunté una mañana mientras organizaba mis cosas para mi viaje de graduación. Había salido a varias en el último mes, pero ninguna fue como esperaba.

—Pésimo —dijo, se sentó en la cama y se acarició los pies.

—¿Puedes resumirla en una sola palabra? ¿Así de mala fue?

—Llegué a pie hasta el restaurante, afuera estaba un hombre que se veía exactamente como George Washington y le agitaba la mano a alguien. Cuando me acerqué, me di cuenta que las señas eran para mí. Cuando me acerqué más, me di cuenta de que era ella.

Dejé que el aire pasara entre mis dientes.

—Bueno, fue un comienzo difícil, lo admito, pero no puedes juzgar a esas mujeres por su aspecto. Sabes que nadie se apasiona tanto por el ejercicio como tú.

—Ella masticaba con la boca abierta, maldecía como marinero y presumía que la única cosa que leía por placer eran las tiras cómicas. ¿Mis expectativas son demasiado altas?

Después de meses, años de historias similares, me convertí en la vendedora personal de mi padre. Hasta donde podía ver, no tenía opción; quería que él fuera feliz y no podía imaginarlo solo. Empecé con titubeos: «Es gracioso, ¡mi padre se ríe igual!», pero tomé impulso rápidamente.

—¿Sabes? En realidad deberías llevar tu anillo, si estás casada —le dije a una mujer atractiva, de mediana edad, que me ayudó a encontrar zapatos de mi medida en una zapatería de la zona.

Ella pareció confundida.

—Pero no estoy casada —dijo.

—¡Oh! Bueno, ¿sabes? En realidad mi padre tampoco. ¡Me pregunto qué otras cosas tendrán en común!

Tal vez mis tácticas fueran demasiado directas, porque mientras escribo esto él aún no ha encontrado a alguien. Atraviesa momentos de optimismo y otros de frustración, pero sigue en la búsqueda, que es todo lo que le puedo pedir. Siempre y cuando todavía se despierte por la mañana y piense que la mujer que le corresponde está allá fuera, creo que se acerca más a encontrarla, solo que no ha sucedido aún.

Pero tiene que encontrarla y no porque yo lo quiera. Mi padre tiene que encontrar a alguien porque es imposible que no la encuentre. En el curso de La Promesa observamos un patrón: libros acerca de madres que dejan a su familia y padres o abuelos que tratan de recomponer las piezas. Estos personajes masculinos siempre eran criaturas tristes, deprimidas, que se ovillaban en su recámara y se ocultaban del mundo. Mi padre nunca fue ese tipo de hombre; nos reíamos de estas historias. ¿Qué había inspirado a esos autores a escribir unas historias tan irreales? ¿No había hombres como mi padre en algún lugar? ¿Hombres que se despertaban entusiasmados por lo que les esperaba ese día, optimistas por criar hijos solos, llenos de humor y vida? En toda La Promesa, nunca encontramos un personaje que viera su situación de la manera en que lo hacía mi padre, ansioso por encontrar a alguien, pero sin miedo de criar a sus hijas como un hombre solo.

En los libros que leíamos, hasta los hombres tristes, poco familiares, a menudo encontraban a alguien. Alguna mujer adorable se cruzaba con él, hacía que el hombre se riera por primera vez en años y lo devolvía a la vida. Mi padre está lleno de vida, pero esa mujer nunca llegó. No puedo asegurar que las historias le hayan dado esperanza, pero seguimos leyéndolas, así que algo se debió quedar. Sé que la mujer correcta aún sigue allí, tal vez leyendo este libro y preguntándose por qué nunca encontró a un hombre como mi padre.

Si la encuentro, le recordaré que nadie es como él. Ni de cerca.

CAPÍTULO VEINTICUATRO
DÍA 3,156

El propio mundo era un rehilete,
con una miríada de partes vinculadas
de forma invisible, con las bielas
y los cigüeñales ocultos,
que transmitían el movimiento
por todo el mundo y a través de los siglos.

PAUL FLEISCHMAN, *Whirligig*

Me senté en la intersección durante mucho tiempo, esperando a cruzar al otro lado. Era una conductora novata aterrada, que carecía de deseos de usar su licencia recién expedida. Un amigo me logró convencer de que lo visitara solo porque su casa y la mía estaban a una distancia corta que podía recorrer a pie. Pero cuando me disponía a abrir la puerta empezó a llover, y supe que tendría que manejar.

—Ten cuidado al cruzar la autopista —me gritó mi padre mientras yo tomaba las llaves del carro de su buró—. Hoy habrá mucho tráfico en las orillas. ¿Estás segura de que no quieres que te lleve?

Dije que no aunque pensaba que sí, y luego, mientras esperaba y esperaba a que se abriera un mínimo hueco en la interminable fila de automóviles, quería regresar y tomarle la palabra. Pero ya había tres coches detrás del mío, y no se veía ningún lugar donde dar la vuelta. Traté de lanzarles una mirada de disculpa por los espejos.

Entonces apareció un espacio, maravillosamente grande y amplio, lo bastante para mí y todos los carros de atrás. Puse el pie en el acelerador.

No sucedió nada. Presioné más fuerte. Nada. Recordé, súbitamente horrorizada, que también me había sucedido mientras salía del camino de entrada. Esa primera vez me detuve, apagué el coche y luego lo volví a encender y a probar de nuevo. No hubo más problemas. Pensé en entrar y decirle a papá, pero me imaginé que el contratiempo se debió a que yo olvidé hacer algo pequeño y tonto. Ahora sabía que era el carro, y yo estaba atorada. Sin un lugar donde dar vuelta ni ninguna manera de echarme en reversa, estaba sentada en la orilla de una intersección en un coche que no podía avanzar. Decidí que necesitaba tranquilizarme y pensar por un minuto, intentando no entrar en pánico y no mirar los carros que estaban alrededor.

¿Qué fue eso? Sentí un tirón en mi estómago, y al principio creí que eran mis nervios; luego me di cuenta de que me estaba moviendo. Pero no con el desplazamiento lento y continuo que me habría tomado tiempo notar. Me había lanzado hacia delante a la velocidad límite, en dirección al tráfico, más rápido de lo que yo pensaba que los carros podían moverse, como si me hubiera remolcado un auto de carreras. Todo se sacudió hacia el frente, me vi arrojada contra el volante; me di cuenta, demasiado tarde, de que nunca había quitado el pie del acelerador mientras me detenía a pensar. De alguna manera, después de dos o tres minutos el carro había registrado mi solicitud para acelerar y avanzó diez veces más rápido. No pensé en poner el pie en el freno; fue como si en realidad no me estuviera sucediendo a mí. Me miraba a mí misma y al carro, precipitándonos hacia el tráfico. Algo golpeó mi defensa. Mi automóvil dio vueltas en el prado de alguien. Aterrizó de nuevo en la calle, regresando hacia la autopista. El carro lanzó una especie de aullido, o tal vez fui yo. Golpeé contra un hidrante y olí humo por todos lados.

Miré arriba. La cosa que había golpeado mi defensa debió de ser otro carro, porque había uno varado en la autopista, con el techo abollado y arrugado como una figura de origami. Escuché sirenas y gente gritando, el humo se volvió más pesado, la lluvia cayó con más fuerza. La cabeza me dolía. Algunas camionetas se detuvieron alrededor de mí, bueno, de nosotros. Había una persona que me resultaba familiar detrás del volante del otro coche, una mujer con mejillas suaves y redondas y pelo castaño corto. Mi madre. Ella no me estaba mirando. Venían para llevársela de nuevo.

Entre el vértigo y la confusión, las luces y los ruidos a mi alrededor, la cara del extraño que iba en el otro automóvil había cambiado por la de mi madre. Me recargué sobre el volante y cerré los ojos, tratando de separar el momento del recuerdo. Se mezclaban peligrosamente; me pregunté si seguía soñando o me estaba durmiendo.

Tenía nueve años de edad. Me levanté para usar el baño a mitad de la noche, algo que nunca hacía, y escuché sirenas a la distancia, aullándose una a otra en un idioma que yo creía entender. Oí otro gemido, más cerca, dentro de la casa. Corrí escaleras abajo y encontré a mi madre en el piso de la cocina, tirada como una muñeca que alguien hubiera dejado caer para ir a hacer otra cosa. Había pequeños puntos a su alrededor, una especie de bichos blancos dispersos por todos los muebles y el piso. Algunos estaban sobre ella, en su blusa y sus manos. Esperé a que mis ojos se ajustaran a la luz y me di cuenta de que eran pastillas, pequeños círculos y óvalos blancos esparcidos por todos lados. Había visto pastillas antes; ella las tomaba para todo, desde la depresión hasta una ampolla, pero nunca en esa cantidad. El teléfono estaba en el piso; oí la voz de mi abuela en el otro extremo.

—Hola —dije cuidadosamente en la bocina.

Mi madre me miró, pensando que le hablaba a ella. Tenía los ojos rojos y parecía cansada, pero también distante y muy relajada de una forma extraña. Me miró como si fuera a sonreír y me dijo algo, pero entonces su rostro se nubló y empezó a llorar, murmurando algo mientras sollozaba.

—¡Cariño! —exclamó mi abuela con sorpresa—. Muy bien, qué bueno. Escucha, tu madre se va a mejorar. Hay una ambulancia en camino. Verás las luces en cualquier momento. Quédate atenta a la puerta y deja que entren cuando lleguen. ¿Estás bien? ¿Comprendes lo que está pasando?

—Sí —afirmé, aunque no estaba segura de a qué estaba respondiendo.

No podía afirmar que todo estuviera bien. Yo apenas me sentía despierta y no estaba segura de lo que estaba pasando. Mi madre había tomado algunas pastillas y las había regado, y ahora estaba durmiendo una siesta en el piso de la cocina, solo que estaba muy alterada por eso. Subí para despertar a mi hermana, porque ella sabría qué hacer. Le expliqué lo que ocurría hasta donde pude. Después de unas palabras, escuchó las sirenas y saltó de la cama.

—¡Papá! —gritó en la oscuridad—. ¡Papá, despierta!

Subimos en el carro para seguir a la ambulancia, que hacía que todo en el camino fuera rojo y blanco, como luces de Navidad, pero más desesperadas. El gemido de las sirenas continuó. En ocasiones pensaba que era mi madre, pero no podía ser, porque ella se encontraba dentro del vehículo y las puertas estaban cerradas. Las personas se movían a su alrededor. Las veía cada vez que nos acercábamos lo suficiente, recogiendo cosas y haciéndose gestos entre sí. Yo fui quien las dejó entrar cuando llegaron a la puerta y fueron amables, tranquilas, pacientes. Ahora parecían enojadas, con las caras estiradas y tensas, agitando los brazos ampliamente en el aire y luego apoyándolos con firmeza sobre algún objeto que llevaban al lado de mi madre. En realidad no podía ver a mi mamá, pero sabía que estaba allí, en una especie de tapete junto a la ventana. Apartada de nuestra vista. Probablemente no quería que nadie la viera llorar. Ella hacía gestos horribles cuando lloraba, arrugando las mejillas y su cara se ponía roja por completo. Mi cara de llanto se habría visto peor, pero las luces destellantes, que daban vueltas, me proporcionaban una extraña sensación de calma. Nadie podía dormir con algo así; mi madre no iba simplemente a cerrar los ojos e irse. ¿Cómo podría hacerlo? El sonido era desafiante, el gemido se volvió chirriante, y yo quería que fuera cada vez más fuerte para mantenernos despiertos, especialmente a mi madre, que tal vez trataba de dormirse en la camilla de la camioneta, pero no la dejarían. Mantendrían las luces encendidas y las sirenas aullando y todos llegaríamos despiertos al hospital.

183

Abrí bien los ojos por un segundo. Estaba en mi automóvil. La gente corría hacia mí, oía gritos a mi alrededor. La lluvia caía con más fuerza. Y dejé que mis párpados se cerraran.

Me quedé dormida por una eternidad en la sala de espera, o así lo sentí. Era mucho más difícil una vez que llegabas allí. Dentro del hospital había silencio. La gente murmuraba porque los pacientes estaban tratando de dormir. Algunas de las luces se encontraban apagadas, y había un televisor en la sala de espera que mostraba anuncios comerciales a un volumen bajo, que apenas se atrevía a elevar la voz incluso en los momentos más enérgicos. No podía levantar la cabeza. Dejé que cayera en el hombro de mi papá por un momento, pero entonces nos llamaron para verla. Tuve que despertarme.

Ella estaba detrás de una cortina de baño blanca y brillante, descansado en una cama de la que salían muchos tubos. Había un despachador de hielo y algunas tazas detrás de ella, pero no vi agua. Dormía, pero pensaban que todo estaba bien. Le dijeron a mi padre, en murmullos aún más bajos, que habían tenido que usar carbón. Me pregunté si habían iniciado una fogata para mantenerla caliente. Pero no, ya hacía un calor espantoso en la sala. Tal vez habían usado el carbón para dibujar su retrato, como en una clase de arte. Tal vez tenía que recordar su aspecto para saber si algo había cambiado. Me pregunté si mi papá tenía una fotografía de ella en su cartera, como suele hacer la gente, una que pudiera darles. Pero sabía que no.

Cuando más tarde regresamos, ella estaba despierta o fingió estarlo. Tenía los ojos abiertos y decía cosas, pero nada tenía sentido. Le estaba diciendo a mi hermana que todo aquel barullo era por culpa de ella, que por una pelea que habían tenido había estado llorando, llorando y llorando, como la había encontrado. Pero no era por eso. Cuando subí a dormir aquella noche, había visto que escribía frenéticamente un correo electrónico al hombre con el que hablaba con más frecuencia. Reconocí su foto en la esquina de la pantalla. Quince minutos después estaba sollozando y respondiéndole frenéticamente. La respuesta del hombre llegó un momento después y la dejó lamentándose aún más fuerte. Yo había escuchado todo a distancia mientras trataba de dormirme. No estoy segura de qué tenía que ver aquello con mi hermana. Hasta donde yo sabía, nada en absoluto. Me sentí mal de que culparan a Kath por algo que ella no hizo. Deseé que mi madre solo dijera la verdad, o la verdad como yo la había visto. Pero tal vez ella no comprendía lo que decía, de cualquier modo. Apenas podía enfocar su mirada en nosotros.

Nos dijeron que mejoraría pronto. Me pregunté qué significaba eso. Ella no estaba enferma, hasta donde yo podía entender. No lo estaba como la mayoría de las madres en los libros que leíamos ni como en los que leería después. No estaba enferma como Mamá en *Esperanza renace*, ni herida como Amanda Cardinal en *Buena suerte*. Ella estaba en un hospital, pero había hecho algo para ir allí y con rapidez; el día anterior ni siquiera había tenido tos y tampoco se sonó la nariz. Aquello no era como cuando Ramona Quimby se enfermó mientras observaba el experimento con las moscas de la fruta en la escuela. No se parecía a nada que hubiera leído o visto. Mi madre estaba perfectamente bien, hasta donde yo sabía, pero la gente me decía que se iba a mejorar.

Nos fuimos en cuanto los primeros rayos de luz chirriantes vinieron a inspeccionarnos. Yo estaba sudando y ya no tenía la piel de los brazos chinita. Me sentía extrañamente reservada acerca de nuestra partida, como si hubiéramos hecho algo que debía ocultar. Quería esconderme en el carro, escabullirme de regreso a casa y olvidar que aquello había pasado siquiera. En cambio, nuestra salida fue saludada instantáneamente por otra camioneta que se detuvo con las luces dando vueltas salvajemente y el mismo gemido chirriante que rasgaba el amanecer. Apenas pude escucharlo. Se estaba volviendo más fuerte de lo que recordaba. Y luego oí otro ruido, todavía más cerca, pero no tan fuerte. Abrí los ojos. Alguien estaba golpeando en la ventanilla de mi carro. Un hombre con un impermeable.

—¿Estás bien? —me preguntó—. Vivo en esa casa de allí. Vi todo, pobre criatura.

Apenas podía escucharlo por encima de las sirenas, mientras los camiones de bomberos y las ambulancias nos rodeaban.

No debí de decir nada porque siguió mirándome.

—¿Me entiendes? ¿Estás bien?

Asentí y salí lentamente del carro. El hombre me ofreció su abrigo, pero yo lo aparte. Me ofreció su teléfono celular, que tenía muchas ganas de usar, pero me resultaba difícil hablar. Sentía la lengua pesada en mi boca, y mi cerebro parecía no tener control sobre lo que ella hacía. Me las arreglé para colocarla detrás de mis dientes y esperaba percibir sabor a sangre. Sorprendentemente todo parecía estar bien. No faltaban dientes, nada se sentía roto ni raspado. Aparte del dolor de cabeza y una sensación de mareo y confusión, no notaba mucha diferencia con cómo estaba cuando había dejado la casa. Tomé el celular del hombre, arreglándomelas para pronunciar la palabra «gracias» y sonreír lo más cálidamente que pude sin que la cabeza me doliera más.

Marqué a casa y esperé a que mi padre contestara. Vi que la mujer a la que había golpeado caminaba hacia la ambulancia. No estaba herida, pero querían revisarnos a ambas. Y como precaución, supongo, encendieron las luces y las sirenas mientras arrancaban. Aquel ruido. Terminé sollozando sin ni siquiera dame cuenta al principio. Tenía las mejillas húmedas y calientes, sentí las lágrimas contra el teléfono y lo aparté para evitar que se mojara. Cuando mi padre respondió, me quedé otra vez estupefacta. Escuché su voz, tan tranquila, cálida y suave que no pude hablar.

—Hola —dijo; era una afirmación como siempre que contestaba el teléfono, no una pregunta.

Sollocé sin decir palabra; en cambio, lancé algo entre un gemido y un grito que sonaba extrañamente familiar.

—Hola —repitió como irritado, pero sin preguntar nada.

—Papi —dije tratando de ahogar el ruido las sirenas y mi propio llanto, jadeando un poco para escuchar la palabra que salió de mi boca. No la había usado mucho, tampoco cuando era pequeña, y tal vez hacía diez años que no la decía—. Choqué el carro.

—Voy para allá —respondió sin ni siquiera preguntar dónde estaba.

Y llegó. Caminamos a casa, pero el ruido seguía. Una y otra vez escuché aquel zumbido triste. Esperaba que se acabara. Cuando el vecindario quedó en silencio y todos se fueron a dormir, supe que venía de mí; los sonidos de las ambulancias y los de mi madre llegaban juntos con mis latidos mientras trataba de dormir. Pero para mí era el sonido de la supervivencia. Salí adelante, salimos adelante porque éramos una familia de supervivientes. Estaba tan viva que no podía dormir. De la forma más inesperada, empecé a comprender a mi madre. A perdonarla.

CAPÍTULO VEINTICINCO
DÍA 3,170

Un capullo llegará a ser una flor.
Es una flor en espera. En espera del calor
y el cuidado adecuados para abrirse.
Es un pequeño puñado de amor
que esperará a desarrollarse
para que lo vea el mundo. Y así eres tú.

CHRISTOPHER PAUL CURTIS, *Me llamo Bud, no Buddy*

—¿Tiene que ser un vestido? ¿No puedes simplemente llevar algo que ya tengas?

—Hay un código de vestimenta. Además, me sentiría realmente extraña si voy mal vestida. Destacaría en sentido negativo.

—¿Qué tal una bonita falda y una blusa con botones? ¿Eso respetaría en el código de vestimenta?

Los padres solteros con hijas tienen que enfrentar una gran cantidad de problemas difíciles. Tratan con la pubertad, los chicos y las citas lo mejor que pueden. Les doy mucho crédito por eso, en especial a mi padre. Mi abuela murió cuando yo tenía trece años. Mi hermana se mudó cuando yo iba en la secundaria. Mi padre era demasiado orgulloso como para pedir consejo a su hermana. Así que con información relativamente escasa sobre las mujeres, encontró la manera de recorrer el laberinto de la adolescencia femenina junto a mí, aprendió a confiar en mí y, con el tiempo, en los muchachos con los que decidía salir. Estoy orgullosa de decir que casi siempre comprendió totalmente lo que hacía y tomó decisiones razonables, lógicas. Atribuyo parte de esto a todos los libros que leímos acerca de jóvenes mujeres. Casi todo en ellos era ficción, pero solían ser muy realistas y darnos una gran perspectiva sobre lo que hacían las muchachas y las familias normales. Sin embargo, aun con todas nuestras lecturas, algunas cosas desconcertaban a mi padre por completo. Cuando mi último año de preparatoria llegaba a su fin, me di cuenta de que el baile de graduación era una de esas cosas. Mi padre no comprendía la moda.

—¡Es una noche! —insistía cada vez que veía la lista de cosas que necesitaba comprar y hacer.

Mi lista era modesta, comparada con la de la mayoría de mis conocidas: quería ir al salón de belleza solo porque no sabía cómo peinarme yo misma, y quería un vestido. Hasta entonces, eso era todo. No sentía la necesidad de preocuparme por comprar una bolsa, joyas o zapatos. Estaba conforme con revisar mi clóset en busca de algo que pudiera servir. Pero surgían más cosas.

—Stephanie dice que debo hacerme las uñas, pero creo que es un desperdicio de dinero. ¿Qué te parece? —mencioné en el desayuno, una mañana poco antes de la gran noche.

—¿Hacer? ¿A qué te refieres con hacer? ¿Pintarlas?

—Bueno, esa es una opción.

—Eso es demasiado delicado. Te las masticas como si tuvieras el secreto de la eterna juventud en tu… ¿cómo se llama la parte blanca? ¿La punta?

—Podría ponerme uñas postizas, supongo.

—Por Dios, no. Parecen garras de gato, y cuando las maestras de la escuela se las ponen producen un horrible golpeteo cuando teclean algo. Es suficiente para volver loca a una persona.

—No planeo teclear mucho en la graduación.

Dejó escapar aire por la comisura de su boca con dramatismo.

—Aun así. ¿Quién se dará cuenta siquiera de que tienes uñas? ¿En tus fotos de graduación, las verá alguien? —preguntó.

Mientras me reía, recordé que la primera reacción de mi madre ante mis fotos formales de invierno había sido: «¡Por qué no te diste tiempo de que te hicieran las uñas!».

Aunque mi madre tenía una gran cantidad de sugerencias aparentemente lógicas sobre cómo debían hacerse las cosas para una graduación, ella atravesaba por un año difícil en el trabajo y no se había ofrecido contribuir financieramente; mi padre se negaba a dejarme trabajar mientras yo estuviera en la escuela y a llevarme en el coche y yo no había vuelto a manejar desde mi accidente, así que nos las ingeniamos para seguir sus consejos y completar la aventura por nuestra cuenta. Y hasta ese momento caíamos en una de las cosas más importantes de todas: el vestido.

Aún no habíamos encontrado algo en mi rango de precios. Empecé a visitar tiendas de ropa para graduación con mi padre y, aparte de impresionarnos por los precios, me di cuenta de que era algo que madres e hijas solían hacer juntas. Sentí una punzada de celos cuando una amiga, cuya familia no era rica en absoluto, se probó un vestido de quinientos dólares, salió del vestidor y su madre la felicitó calurosamente.

—¡Eso es! —gritó—. Ese es el adecuado, deja los demás a un lado. Llama a la vendedora. Tenemos nuestro ganador.

Levanté otro vestido de su pila y señalé la etiqueta del precio: más de doscientos dólares menos.

—Bueno —dijo la madre—. No se trata de dinero. En ocasiones lo encuentras y sabes que debe ser ese. Además, este es el segundo vestido más importante que vestirá en su vida. Y se ve hermosa. Así que eso basta para mí. Es algo que una madre hace por su hija.

Mi madre tenía interés y me daba su apoyo, pero con mi padre como mi patrocinador oficial del baile de graduación, las cosas eran un poco diferentes para mí que para mis amigas.

—¿Qué tal ese vestido que usaste cuando estabas en *Las brujas de Salem*? —me preguntó un día mientras ordenábamos mi clóset para ver si algo de lo que yo tenía podría reciclarse—. Todos decían que te veías muy bonita con él, Kath se tardó mucho tiempo en coserlo.

—Ese era un traje costumbrista. Lo que se narra en *Las brujas de Salem* tuvo lugar a finales del siglo XVII.

—Tú eres la que siempre dice que adoras la moda antigua.

—Me da la impresión de que no es lo mismo.

—Ahora te pones difícil.

El problema real era que quería un auténtico vestido de graduación. No uno de calle que pudiera vestir con los zapatos adecuados ni uno casual que pareciera formal con las suficientes joyas prestadas. Aquella era la última oportunidad de mi vida de llevar un vestido de graduación, y eso era lo que quería. Me sentía culpable. Traté de convencerme de que sería feliz con cualquier cosa que llevara, que no necesitaba ser la reina de la fiesta. Pero como mi padre había soñado con la bicicleta que quería, yo empecé a soñar con un vestido de princesa, vaporoso y color rosa, con crinolina suficiente como para que permaneciera recto aunque no lo llevara puesto. La bicicleta…, al fin lo comprendí. El vestido era algo que no necesitaba. Y si conseguía uno, podía servir cualquier cosa vieja. Era tonto e innecesario. Pero una vez que lo imaginé y que lo soñé, cualquier otra cosa se sentiría como correr detrás de mis amigos mientras se alejaban pedaleando delante de mí.

Mi padre se cansó pronto de mi búsqueda del vestido perfecto y llevaba revistas a la tienda mientras yo compraba. Salía del probador y la vendedora caminaba de puntas hacia él con orgullo, mientras yo me preguntaba si por fin aquel sería el vestido esperado.

—Te hace parecer como si todo lo que hicieras en el día fuera irte de pesca —decía mientras me miraba por un instante; después regresaba a leer su periódico.

Incómoda, la vendedora miraba a mi padre, después al elegante y entallado vestido color crema, y finalmente a mí. Se encogía de hombros como si comprendiera por completo lo que decía mi padre y me llevaba de regreso a los aparadores.

—¡No lo puedo soportar más! —estalló mi padre durante el viaje de regreso a casa—. No hay tantas revistas y libros de beisbol en el mundo. ¿No tienes amigas que vayan a salir de compras para el baile de graduación? Te daré todo el dinero que pueda. Sorpréndeme. Por favor, por favor, sorpréndeme.

El dinero que me dio no alcanzaba ni para comprar un bonito par de pantalones, mucho menos serviría para un vestido de graduación. Discutimos una y otra vez por el precio, docenas de veces. Mi padre deseaba darme lo que pudiera, pero no me atrevía a decirle lo que costaba un vestido. Después de años de vivir casi en pobreza, parecía incorrecto pedirle más, mucho menos las cifras que algunos de los padres de mis amigas pagaban alegremente. Mantuve baja mi estimación, pero como mi padre nunca había sido una muchacha, le parecía demasiado elevada. Cada vez que salía de casa en mi cacería de vestidos, esperaba regresar con las manos vacías. En ninguna tienda de graduación había nada; ni siquiera el vestido más simple estaba en mi rango de precios. Pero aun así, en el fondo de mi mente, el vestido de mis sueños flotaba a mi alrededor, provocándome y dando vueltas a sus capas vaporosas. No era real, nunca sería real para mí.

Lo supe en el momento en que lo vi. Mi amiga y yo nos detuvimos frente a una tienda de segunda mano y allí, sonriéndome desde una ventana del tercer piso, estaba un vestido de color rosa, como de bailarina, vaporoso, incuestionablemente hecho para una graduación. No dije nada. Tenía miedo de que si gritaba, alguien correría delante de mí, se precipitaría por las escaleras y tomaría el vestido antes de que yo pudiera llegar hasta él. Así que mantuve la boca cerrada y la cabeza gacha mientras avanzaba en estado de trance, como un insecto magnetizado por una luz de la calle. Lo tomé y lo sostuve en mis manos. Lo sentí pesado, pero suave y adecuado. Miré la talla: era exactamente la mía. Miré el precio. Costaba quince dólares más de lo que tenía. Aun usado, no tenía lo suficiente para el vestido de mis sueños. De todos modos, me lo probé para convencerme a mí misma de que en realidad no se veía bien. Tenía razón: no se veía bien, se veía sensacional.

Justo cuando estaba por quitármelo, una vendedora se me acercó. Observaba algo; tomó una de las capas de crinolina.

—¡Oh, querida! Lo siento, no me di cuenta de que estaba roto. Qué pena, hmm —dijo.

La levantó para mostrarme, pero a mí no me pareció diferente de cualquiera de las otras capas.

—No veo de qué me habla —respondí con sinceridad mientras me ponía los lentes para revisarlo.

—Qué adorable. Eres muy amable. Bueno, en realidad no te puedo vender un vestido dañado a ese precio, ¿verdad? Hmm, qué te parece si te descuento… ¿quince dólares te parece justo? —preguntó la mujer con una sonrisa.

Todo lo que pude hacer fue asentir y abrir mi mano para darle el sudoroso fajo de billetes. Durante el camino a casa, abracé con fuerza el vestido y sonreí hasta que los hoyuelos de mis mejillas me dolieron.

—¡Estoy casi lista! —le grité a mi padre, que me llamaba por cuarta o quinta vez en diez minutos—. ¡Pero si quieres sorprenderte, entonces no puedes entrar de pronto!

—¡Estás empezando a ponerme nervioso! —exclamó—. ¡Ese muchacho llegará en cualquier momento!

Ese muchacho era nuestro vecino Ryan, un amigo que había conservado desde que yo tenía trece años.

—Solo me estoy dando los últimos retoques —dije mientras me ponía un collar que había pertenecido a mi abuela.

Pasé mi mano por el pelo unas cuantas veces frente al espejo y caminé hacia la habitación de mi padre.

—¡Sorpresa! —dije mientras él veía por primera vez el vestido, mi peinado alto y mis uñas postizas de gato.

Me miró mucho tiempo. Yo tenía miedo de que fuera a decir que había desperdiciado su dinero. Tenía miedo de que aún no comprendiera la importancia del baile de graduación. Me paré derecha para que él pudiera ver los bordados hechos a mano del vestido, que caían graciosamente sobre las capas rosas de tela vaporosa.

—Bueno. En verdad pareces otra —susurró y bajó la mirada.

Cuando has pasado meses preparando un acontecimiento, las respuestas vagas no parecen suficientes.

—¿Te gusta? —le pregunté mientras agitaba las faldas en una amplia reverencia.

—Lovie, nunca te has visto tan hermosa —contestó.

Era una palabra que nunca había escuchado que él usara para describir a una persona; quizás para un cuadro, una casa o un lago. Aunque siempre era hábil para lanzar cumplidos, esa palabra la debía de tener reservada. Esperaba un día importante para usarla. La cara me ardió mientras le sonreía.

—Ahora apúrate. ¡Me estás volviendo loco de nervios!

Le dio una palmada a mi lugar habitual en su cama. Yo me metí debajo de las cobijas junto a él.

—¡Cuidado! —exclamó mientras observaba que mi peinado alto estaba a punto de colisionar con la cabecera. Deslizó una almohada bajo mi cabeza y dejó que reposara sobre ella con gentileza para que ni un solo pelo quedara fuera de lugar.

Debido a que la graduación duraría hasta medianoche y un amigo iba a hacer una fogata después, teníamos que anticipar nuestra lectura. Mis preparativos habían tomado mucho tiempo y aquel fue el único momento del día que ambos tuvimos libre. Y así, a los dieciocho años, con mi traje completo para el baile de graduación, me acurruqué junto a mi padre para escuchar un capítulo de *La tienda de antigüedades* justo antes de que mi pareja llegara.

—Desde donde nos quedamos… —empezó mi padre mientras resumía el capítulo anterior.

Pensé que lo escuché decir: «Desde donde nos quedamos, tenías nueve años, te masticabas el cabello cuando estabas nerviosa, odiabas a los niños y los vestidos. Yo estaba aterrado de ser un padre soltero».

En realidad no dijo eso. Solo hizo un resumen del último capítulo, como siempre, y pasó al siguiente. Así, nuestra noche de lectura número 3,170 no fue diferente de la primera.

CAPÍTULO VEINTISÉIS
DÍA 3,218

Si el camino entra,
por algún sitio ha de salir...
y como la Ciudad Esmeralda
está al extremo del camino,
tendremos que seguirlo
dondequiera que nos lleve.

L. FRANK BAUM, *El maravilloso mago de Oz*

Sabíamos que el día se acercaba. No había manera de evitarlo. Lo hablamos y decidimos que La Promesa tenía que terminar cuando yo fuera a la universidad. Si no era entonces, ¿cuándo? ¿Lo iba a llamar todas las noches, entre los exámenes y las reuniones de los clubes, con la esperanza de atraparlo justo cuando él tuviera un momento libre, pero antes de que se fuera a dormir? Pagaríamos cuentas de teléfono legendarias y todas las noches serían una incógnita: ¿podríamos ponernos en contacto? ¿Qué pasaría si él dejaba el teléfono descolgado? ¿Y si se iba la luz durante una tormenta? Sin embargo, más que nada, no era así como queríamos que fuera La Promesa. Se volvería una tarea en lugar de representar una alegría. Era la oportunidad de pasar un momento juntos y de relajar la tensión de un día febril, sin agregar más. Se supone que nos sentábamos juntos y apreciábamos el hecho de estar en el mismo cuarto, recorriendo una obra literaria. No sería lo mismo después de que me fuera a la universidad. No, tenía que terminar. Una vez que me entregaron mi paquete de orientación, supimos la fecha:

la Promesa terminaría el 2 de septiembre de 2006. Esperaba que fuera un día con sol y tal vez un arcoíris a la distancia.

Llegó el día. La tormenta tropical Ernesto golpeó la Costa Este con un rugido de vientos huracanados y lluvia sin fin. Mi madre, mi padre y yo nos apilamos en la camioneta y yo manejé. Tenía todos los temores habituales: me preguntaba cómo sería mi compañera de cuarto y si mi habitación sería lo bastante grande. Me preguntaba si el cobertor rosa con parches que había elegido para mi cama parecería infantil. Me preocupaba que no fuera capaz de seguir el paso de las clases universitarias de Matemáticas. Pero también tenía una preocupación mayor en mi mente.

Por fortuna estaba distraída cuando llegamos bajo lo peor de la lluvia y descubrimos, para disgusto nuestro, que el dormitorio estaba al final de una larga serie de escaleras. Desempacamos mi televisor, mi computadora y mi pesado colchón. Todo estaba empapado. También nosotros. Saludé a mis compañeros de dormitorio por primera vez, tenía el pelo pegado a mi cara y mis pantalones goteaban sobre el piso de mosaico. Pequeños charcos se formaban en cualquier lugar donde me parara durante un rato. Cuando llegó la última de mis cosas, fue el momento.

Buscamos un lugar. Yo habría querido que leyéramos afuera, y lo había imaginado con todos sus detalles. Encontraríamos un lugar soleado a unos doscientos metros de mi dormitorio, donde la hierba fuera alta y verde porque las personas no pasaban por allí. Incluso había visto el lugar perfecto mientras descargábamos la camioneta, pero la lluvia caía con más fuerza y todo en el exterior se estaba llenando de lodo. Sugerí que leyéramos en mi habitación, donde podía descansar en mi pequeña cama mientras mi papá se sentaba en mi escritorio, pero él rechazó la idea. Ese espacio, dijo, estaba demasiado lleno de cajas. Se sentía repleto y apretado, y aun con la puerta cerrada se podía escuchar a la gente pasar, arrastrando camas y gritando por la ventana a sus nuevos amigos. No era esa la forma en que debían terminar las cosas, en absoluto. Estuve de acuerdo, pero el problema era que no había forma de terminar. Nada se sentiría correcto. En ese caso habríamos de buscar y buscar eternamente, hasta que finalmente me sentara en algún lugar y dijera: «Aquí es. Aquí terminará».

Así que buscamos. Recorrimos mi edificio localizando rincones y recovecos, pero todo estaba expuesto, no había privacidad en ningún lugar. Entonces descubrimos los túneles. Al parecer, mi dormitorio estaba conectado con otros en el complejo por una serie de largos y sinuosos corredores bajo tierra. Llevaban a un pequeño salón donde me sorprendió que ya hubiera gente. Alguien ya había encontrado también un uso para el cuarto de lavado y una máquina traqueteaba ruidosamente. No había ningún lugar que pudiera servirnos. Ya íbamos de regreso a la planta baja cuando mi padre me detuvo en las escaleras.

—Esto servirá —dijo, sentándose y sacando el libro de su chamarra.

—¿Qué? ¿En este corredor? ¿Dónde sugieres que leamos?

—Justo aquí. En estas escaleras. No se oye a nadie desde aquí.

—¡Pero estamos en unos escalones! ¿Qué pasaría si alguien quiere bajar al sótano? Hace frío y todo está húmedo. ¡Y apenas hay luz! —fui recitando mis protestas según las pensaba.

La única luz venía de un letrero que decía «Salida», con dos grandes focos junto a él. Le daba al lugar un aspecto triste y abandonado. En el corredor se formaba un eco cuando hablábamos. Aquel no podía ser el lugar.

—Estoy cansado de buscar. Y nunca nos va a gustar ningún lugar —dijo.

—Yo sería feliz en una pequeña colina con hierba bajo el sol. ¿Por qué no esperamos mejor a ver si deja de llover? Podríamos comer algo y esperar un par de horas.

—Es una tormenta tropical, Lovie. No creo que escampe así como así. Va a llover varios días.

—No estoy lista —dije sentándome junto a él mientras hablaba.

—Lo sé. Es algo que tenemos que hacer. Nunca estaremos listos.

Suspiré. De mi chamarra con capucha saqué una cara pequeña y gastada. La muñeca Raggedy Ann que mi padre me había dado cuando tenía cuatro años había sido una fiel seguidora de La Promesa. En ese momento, después de catorce años, su piel era grisácea y una de sus cejas se había despegado. Había un punto negro en su cara que le pinté con un marcador una noche en mi cama. Su vestido, que había cambiado varias veces, estaba deslavado en el lugar donde siempre ponía mi cabeza mientras mi papá me leía. Ella me sonrió a través del hilo rojo suelto que rodeaba su cara y traté de regresarle la sonrisa.

—¿Debemos hacer esto? —le pregunté a ella, pero mi padre fue el que respondió.

—No hay ningún otro lugar por aquí, ¿o sí? —respondió.

Puso su mano en la portada del libro como si estuviera jurando ante la Biblia. Acordamos leer *El maravilloso mago de Oz*, puesto que no podíamos ponernos de acuerdo sobre qué libro de Oz estábamos leyendo cuando empezó La Promesa. No era ese, pero nos parecía simbólico: el primero de la serie de Oz, con el que había empezado todo. Dorothy ni siquiera conocía aún a Ozma, a quien le debo mi nombre. Ella no tenía idea de lo que le deparaba el destino. Pero nosotros lo sabíamos. Sabíamos cómo terminaba, pero leímos como si no lo supiéramos.

Leímos como siempre. Mi padre y yo, juntos, compartíamos palabras que no eran nuestras pero que formaban parte de nuestro idioma secreto. Su voz era tranquila, más profunda de lo normal, redonda y tranquilizadora. Escuché con los brazos alrededor de mis rodillas. Raggedy Ann estaba entre nosotros y también escuchaba. Él leyó con una suave confianza que hizo que el primer capítulo durara más que la primera, la segunda y la tercera vez que leímos ese libro. Debió de ensayar durante mucho tiempo, o tal vez solo estaba recordando los años pasados. Traté de absorberlo todo y no pensar en el futuro. En diez minutos dejaría de ser así. En diez minutos, sería una estudiante universitaria y él iría camino a casa sin mí por primera vez. Pero entonces, justo entonces, en ese preciso momento, yo era Lovie y él era mi papá y estábamos haciendo lo que siempre hacíamos, hasta donde podía recordar. Vi que se acercaba al final, que el primer capítulo, que él había marcado con un clip, se estaba haciendo cada vez más pequeño. Cuando llegamos a la página con el clip, mis ojos empezaron a humedecerse. Escuché un cambio en la voz de mi papá, él leía con mayor lentitud, pero era inevitable. Tres mil doscientas dieciocho noches y días nos abandonaban aquí. Sabía lo que pasaría después.

Dimos vuelta a la hoja.

CAPÍTULO VEINTISIETE

No estoy huyendo.

JERRY SPINELLI, *Maniac Magee*

Entré en la universidad como estudiante de Inglés, como correspondía a una hija de La Promesa. Aunque se había terminado y ya no vivía en casa, mi padre y yo aún encontramos maneras de pasar tiempo juntos. Cuando iba a casa el fin de semana, nuestros días estaban llenos de actividades en el área de Filadelfia. Visitábamos nuestros antiguos terrenos. De haber conocido los desafíos que habríamos de enfrentar en nombre de la lectura, habría apreciado más esos días. Eran pacíficos, mi padre era feliz. Pero la conversación que tuvimos un verano en particular parecía, de una manera extraña, algo premonitorio. Era como si mi padre supiera de antemano lo que tenía delante: una lucha por lo que amaba casi tanto como amó a sus propias hijas.

—¿Sabes por qué el agua del fregadero siempre sabe mejor que la del lavabo?

Estaba sorprendida de que mi hermana lo recordara, porque ahora que yo iba a la universidad, hacía más de cuatro o cinco años que ella no vivía en casa.

—En realidad no creo que sea cierto —dije, aunque sabía de qué hablaba ella.

—Sí, exactamente a eso me refiero. Eso es lo que esa montaña era para él. Como el agua del fregadero, que siempre piensas que sabe mejor porque no hay tazas en el baño. Tienes que pegar tu cabeza bajo la

200

llave. Tiene que ver con el desafío. Lo que es una razón muy egoísta para arriesgar tu vida, si me preguntas.

—Estoy de acuerdo, supongo. No comprendo bien lo de la llave. Pero estoy de acuerdo con la última parte.

Mi padre, mi hermana, que estaba en casa el fin de semana, lo que me emocionaba mucho, y yo habíamos ido al Instituto Franklin para ver una película en IMAX y nos dedicábamos a analizarla de regreso al carro. Mi nuevo novio, Dan, nos acompañaba; parecía tan completamente fuera de lugar como en efecto se sentía con mi familia, a la que conocía poco. La película trataba sobre un hombre que escalaba una montaña en Suiza para probar algo; al menos, así es como yo lo veía.

—Es algo que tenía que hacer —repetía mi padre.

—¿Cómo va a ser algo que tenía que hacer? —repliqué—. Su padre murió al escalar la misma montaña. La mitad de la película se trató de lo difícil que fue para él vivir sin su padre. Y ahora su hija tiene la misma edad que él tenía cuando perdió a su padre. ¿Y aun así va a subir? Él decidió abandonarla.

—Egoísta —repitió mi hermana. Asentimos al unísono.

En ocasiones señalo cuando estoy en medio de una discusión. Aquella vez señalé a Dan por accidente mientras hablaba. Él le sonrió a mi dedo y lo apartó de su cara. Le di una palmada en la espalda para que estuviera seguro de que no tenía intención de hacerle daño. Pero después de meter mi mano en mi bolsillo, la saqué de nuevo; aquella vez señalé intencionalmente a Dan. Él tenía que intervenir.

—Sí. Creo que tu papá tiene razón. Es algo que tenía que hacer, ¡hombre! —dijo Dan en voz baja, no muy cómodo por unirse a una discusión familiar.

Él usaba la palabra «hombre» cuando trataba de hacer que sus palabras sonaran simpáticas. Pero yo no me iba a distraer.

—Lovie, en ocasiones las cosas te desafían y tú sabes que nunca podrás avanzar en tu vida hasta que enfrentes el desafío. Necesitas probarte a ti mismo —dijo mi padre.

Mi padre se apasiona por la competencia más que la mayoría. Una vez traté de convencerlo de que empezara a jugar *Scrabble* conmigo. Puse el tablero, le enseñé las reglas y recorrí con él paso a paso varias situaciones posibles. Durante los primeros diez o quince minutos de nuestro juego inaugural, no hizo más que decirme cuánto se estaba divirtiendo, qué herramienta tan educativa era el juego y que esperaba que pudiéramos incorporar unos cuantos juegos en nuestras rutinas semanales. Quince minutos después, cuando le gané tan solo por unos cuarenta o cincuenta puntos, me hizo apartar el juego y me dijo que nunca le volviera a sugerir que jugáramos. Tiene un espíritu tan competitivo que se presiona a sí mismo para caminar un poco más rápido, perder solo un poco más de peso o regatear un dólar o dos en una venta de garaje. Es seguro que eso sesgaba un poco su opinión.

—No creo que la gente vea la vida como un gran concurso, papá. Y aunque lo hiciera, ¿por qué entrarías a un concurso donde el primer premio es llegar a la punta de una montaña fría y el segundo lugar podría incluir la caída desde miles de metros que causaría tu muerte?

—Y estaban su esposa y su hija, que desde una cabina al pie de la montaña veían a su lunático marido y papá trepar una montaña sin una buena razón —añadió mi hermana.

—Creo que señalé una razón perfectamente buena.

—Papá, déjame preguntarte esto: ¿habrías hecho lo mismo que él si Kath y yo fuéramos unas niñas que te esperan al pie de la montaña, conteniendo el aliento y cruzando los dedos? —dije para terminar la discusión sin tener que ceder en mi punto de vista.

Mi hermana y yo nos miramos, aguardando en tensión su respuesta, pero sabiendo qué esperar.

—Por supuesto que lo habría hecho —dijo tranquilamente y sin pausa.

Eso no era lo que esperábamos. Dan tosió en su manga y se quedó atrás en una fuente de agua. Bebió sorbos largos y lentos, reafirmó cada uno con una respiración profunda para permitir que mi hermana y yo tuviéramos tiempo de cuestionar a nuestro padre más o menos en privado.

—¿Qué estás pensando?

Mi hermana se alejó de mi padre mientras me lo preguntaba y le lanzaba una mirada de disgusto, como si él acabara de revelar que se había bañado en sangre humana en lugar de agua durante las últimas semanas.

—Esas son unas prioridades bastante sesgadas —dije mientras me alejaba también.

Viniendo de un hombre al que siempre había considerado el padre más dedicado en la tierra, esas afirmaciones eran chocantes.

—En ocasiones, hay cosas que una persona tiene que hacer antes de que pueda realizar cualquier otra cosa. Este hombre no podía ser un buen padre hasta que conquistara sus miedos. ¿Cómo podría decirle a su hija que no tuviera miedo de los fantasmas, la oscuridad o el cuerpo en descomposición de un antiguo presidente —me miró y me sonrió—, si cuando se acostaba en su cama por la noche temblaba como una hoja pensando en lo que lo asustaba? Hay cosas que tienes que hacer. Algunas están antes que tu familia, porque si no las enfrentas entonces no podrás cuidarla.

Dan asintió alzando las cejas.

—En realidad, eso tiene mucho sentido —dijo. Le lancé una mirada que pensé que le había dejado perfectamente claro que su comentario no era bienvenido si no iba a estar de acuerdo conmigo, pero él debió de malinterpretarlo, porque siguió—. No puedo imaginar qué sería eso en mi caso. Pero si tuviera un hijo y algo me distrajera, ¿cómo sería un buen papá? Supongo que no podría.

—Más que una distracción, eso se apoderaba de su vida. No es diferente de un problema con las drogas o una adicción al juego. Si es lo único en lo que puedes pensar, necesitas vencerte a ti mismo para seguir adelante y ser un mejor padre —mi papá elaboró más su argumento.

Lo que decía debió de entrarme por un oído diferente esta vez porque lo comprendí. Era obvio, en realidad. Aún estaba en desacuerdo en este caso particular, pero tenía sentido: para ser un mejor padre tienes que ser una mejor persona, y para ello tal vez debas enfrentar algunos demonios intimidantes. Me di cuenta que mi padre nos estaba dando a mi hermana y a mí consejos sobre cómo ser madres.

—Yo solo tengo veinte años —murmuré y me di vuelta hacia Dan para dejar claro que no tenía pensado criar niños con él. Luego me sentí culpable por excluirlo de la conversación, así que le di golpecitos en su brazo unas cuantas veces hasta que me sostuvo la mano. Nuestra relación había evolucionado mucho para ese momento.

—Si estás sugiriendo que debo abandonar a mis futuros hijos, no entiendo cómo Huevo y yo salimos tan bien —dijo mi hermana, todavía concentrada en el ejemplo del montañista.

—No, no se trata de eso. La sugerencia es que seas tú misma antes de tratar de ser algo más, porque papá no habría podido ser padre si no fuera por lo menos Jim, ¿verdad?

Estábamos compartiendo un momento, una conversación de adulto a adulto acerca de su experiencia criando niños y sus consejos para criar a los míos. Fue una conversación que no habríamos podido mantener uno o dos años antes, mientras aún vivía en la casa y dependía totalmente de sus cuidados. Me estaba preparando para un mundo que sería mío, en el no tan distante futuro, aún más de lo que fue el suyo. La extraña reacción de mi cuerpo al darme cuenta de eso fue un escalofrío que recorrió mi espina dorsal.

—No, Lovie, lo entendiste todo al revés. No sé de dónde sacas esas ideas locas.

—¿De veras? —me desinflé. Era demasiado por el momento.

—No, solo bromeaba. Por supuesto que así es. Tienes que sentirte cómoda con la persona que eres antes de tratar de criar a un montón de gente pequeña. Obviamente, el hombre de la película no se sentía cómodo, su decisión no fue egoísta en absoluto. Si acaso, trataba de ser un mejor padre; tenía que entenderse a sí mismo. No puedo decir que culpo al tipo.

—¿Alguna vez tuviste que entenderte a ti mismo?

—No. Crié a dos niñas casi perfectas y siempre supe quién era yo —dijo, mientras sacaba el pecho con orgullo y se golpeaba como Tarzán.

Levantó los brazos sobre la cabeza, imitando la forma en que sostenía sus pesas de polietileno durante sus caminatas por la ciudad, durante las que llevaba sus variados y extraños sombreros. Las caminatas y los tocados raros eran tradiciones que había adoptado en los últimos años tanto para desconcertar a los habitantes de Millville como para divertirse él mismo. Todo eso tenía el propósito de recordarnos lo cómodo que se sentía consigo mismo.

—Pero es normal que encuentres algunos baches en el camino. No puedes esperar que todos críen niños como yo. Solo asegúrate de leerles. Seguramente eso no les hará daño.

Mi padre había pasado los últimos cinco o seis años recolectando libros para sus nietos para asegurarse de que yo haría justo eso.

Ese día, cuando estábamos por dejar el Instituto Franklin, atravesamos la gran rotonda donde una vez vimos la actuación de los artistas del trapecio. Le di un leve codazo a Dan y señalé al techo. Le había contado muchas veces la historia de cómo mi padre me había animado y hasta hecho planes para que me uniera al trapecista en su acto y colgara en lo alto sin entrenamiento y poco más que conocimientos básicos de ortografía y sumas. Para mi sorpresa, mi padre pensaba en lo mismo.

—¿Sabías, Dan, que una vez traje a Lovie aquí a ver a un trapecista? Y se le metió en la cabeza que quería subir, así que fui y fingí hablar con el tipo, aunque solo me paré lo bastante cerca de él como para que pareciera a la distancia que hablábamos y ella creyera que trataba de convencerlo. ¡Cómo iba a pensar siquiera en subir con una niña!

Lanzó una risa larga y fuerte pasando aire ruidosamente por sus fosas nasales.

Me detuve en seco.

—¿Fingiste preguntarle? ¿Eso significa que no lo hiciste?

—¿Estás loca, Lovie? ¿Te imaginas lo que habría dicho el hombre si en realidad me hubiera acercado a él y le hubiera pedido que dejara que una niña de segundo año volara con él por los cielos? ¡Habría pensado que yo estaba completamente loco!

Una vez más, empezó a reírse a carcajadas.

205

—Esa historia tiene mucho más sentido ahora —dijo Dan mientras miraba el domo y mostraba una sonrisa.

—¿Por qué nunca me lo dijiste? ¿Por qué lo hiciste? ¿Por qué me convenciste de que estaba a punto de subir si en realidad nunca hablaste con él?

Ahora todos se reían menos yo.

—¿Cómo encaja esto con tus ideales filosóficos de criar niños? —insistí apenada, al tiempo que movía mi talón en círculos.

—De ninguna manera. A veces ser padre solo resulta divertido —dijo entre risas.

CAPÍTULO VEINTIOCHO

Le he dado muchas vueltas a las alternativas:
puedo tratar de mitigar esta política insensata
que lleva a los niños a recorrer kilómetros
en autobús en vez de formar sus mentes o,
como acto de protesta, puedo renunciar.

Ivan Doig, *Una temporada para silbar*

Mis años universitarios avanzaron a un ritmo sorprendente, y yo me sentía contenta de estar en una escuela cerca de casa. Cuando me encontraba demasiado ocupada para visitarla, llamaba a menudo. Aunque mi padre era la única persona que siempre contestaba, no tenía su número guardado en mi teléfono como «Papá» sino como «Casa», como si esperara que el propio edificio contestara y me dijera cómo la estaban pasando los gatos y si ya habían florecido las madreselvas. En cambio, él contestaba siempre feliz de escuchar mi voz. Le hablaba de mis clases y él me contaba de sus últimos y más grandiosos proyectos en la biblioteca. Pero a medida que pasaba mi último año, me di cuenta de que algo estaba mal. Recordaba nuestra conversación de un año antes, acerca del montañista y la película que habíamos visto. Comprendí ahora por qué mi papá lo había defendido. James Brozina estaba por trepar una montaña por cuenta propia.

Se habían producido cambios en su trabajo desde hacía tiempo, antes de que el problema empezara. Instalaron computadoras dentro de la biblioteca, y yo enseñé a mi padre a usarlas en sus lecciones. Se le pidió que trabajara en más análisis de historias, y así lo hizo. Ni siquiera se quejó demasiado cuando se le dio una segunda escuela y su carga de trabajo aumentó al doble. Eso significaba que tendría más de quinientos estudiantes, lo que le dificultaba aprender sus nombres y personalidades, pero él lo tomó bien. Su trabajo era un desafío, pero no podía dejar de amarlo.

Entonces vino a almorzar conmigo la tarde de un sábado durante el último semestre de la universidad. Pude saber que algo estaba mal desde el momento en que lo vi, y ni siquiera fue porque lo conociera bien. Su camisa estaba un poco arrugada, lo que para mi papá era extremadamente arrugada, y su rostro parecía caído. Su pelo era notablemente más delgado y su piel tenía un tono extraño, grisáceo, como si la sangre que pulsaba debajo de pronto fuera más vieja o más triste. Había perdido peso. Sus cejas no eran tan gruesas.

—No quieren que lea más —le dijo a sus panqués, mientras hablábamos durante el almuerzo en un restaurante que habíamos descubierto en Glassboro, en la calle de mi escuela. Siempre pedíamos lo mismo: panqués, pastel de carne y leche para él; un sándwich de tocino, ensalada de col y té frío para mí. Habíamos ido docenas de veces sin cambiar nuestras órdenes. Ese día, se le olvidó pedir el pastel de carne. Se lo recordé, pero dijo que no estaba de humor para ello. Su plato parecía vacío sin él.

—¿Quién no quiere?

—Mi director. Bueno, uno de ellos. Dijo que solo podía leer un libro ilustrado por clase. De cinco a diez minutos, y luego algo más.

—¿De cinco a diez minutos? ¡Hasta un libro de Clifford se toma más tiempo, si se hace bien!

Él asintió enfáticamente y tragó algo de leche.

—Y el otro director me dijo, y esto me mató…, me dijo que ya no podía leer en absoluto.

—¡Estás bromeando!

Él negó con la cabeza, pero se relajó un poco. Se me ocurrió que tal vez había venido esperando que yo dijera que era irracional. Tal vez otros le habían dicho eso.

—¿Qué quiere a cambio?

Él bajó un poco el tono de su voz naturalmente aguda para personificar a su director.

—¡Las computadoras!

Las palabras hicieron que nos encogiéramos al mismo tiempo. Aunque con el tiempo había mejorado en su uso, mi padre no pensaba que las computadoras tuvieran cabida en la biblioteca. Debían estar en una sala de cómputo, y los libros, sagrados y gastados, debían estar en la biblioteca. Era un lugar para leer.

—¿Qué está pasando? ¿Cómo puede pasar lo mismo en dos escuelas diferentes?

Dejó de comer por completo y me pasó el resto de los panqués. Fue algo especialmente impactante, porque él solía ir tras mi comida si yo no había terminado cuando él daba su última mordida.

—Ninguno de los dos entiende lo que estoy tratando de hacer. El señor Davis ordenó cientos de nuevos libros este verano sin escuchar mis sugerencias. Dijo que necesitaba libros nuevos y actuales porque a los estudiantes les gustan las cosas nuevas. Puso todos en el almacén, fueran de literatura o de ciencias, excepto los libros ilustrados.

Levanté mi mano para luchar en defensa de la colección que mi papá había tardado años en reunir, pero él levantó las cejas, hizo un gesto con las manos para mostrar que estaba de acuerdo y siguió.

—¡Lo sé! ¡Es absurdo! Aquí viene lo peor, Lovie: ¡la biblioteca ya tenía algunos de los libros que ordenó! Los teníamos en pasta dura y él los ordenó en edición de bolsillo. Yo nunca ordeno esas ediciones porque se deshojan en menos de un año. Él ordenó versiones baratas, endebles, de libros que ya teníamos. Después de todos los recortes del presupuesto, así es como usa el precioso dinero de la biblioteca cuando hay cosas que realmente necesitamos, libros que los niños adorarían. ¿Y dónde está la colección que tardé tantos años en reunir? En cajas, en el sótano de la escuela.

Ni siquiera podía imaginar el aspecto que debía de tener ahora la biblioteca. Traté de visualizar la sala feliz que mi padre llamaba su hogar apenas uno o dos años antes. Los anaqueles estaban llenos de libros a los que él había dedicado horas para seleccionarlos a mano, que iban desde las ofertas más actuales del mercado hasta obras maestras fuera de catálogo. Algunas noches durante La Promesa, llegué a escuchar libros que él estaba probando para su repertorio, porque deseaba conocer mi opinión. Él gastaba su propio dinero y horas incontables en ventas de garaje, coleccionando libros y decoraciones para que la biblioteca se sintiera como un lugar cómodo y atrayente para la lectura, y había tenido éxito. Las paredes se encontraban cubiertas con dibujos hechos a mano de escenas relajantes. Había pequeñas fuentes en las esquinas de la sala, y las encendía mientras los estudiantes leían para crear una especie de capa de ruido blanco sobre la música clásica que mantenía en el fondo. En lugar de iluminación en el techo y de sillas de salón de clases, llevó lámparas y muebles tapizados para que los estudiantes se sintieran totalmente cómodos. Puso cortinas para bloquear el sol en los días calurosos y tapetes decorativos sobre la monótona alfombra gris. Hasta había una colección de muñecos disponibles para niñas y niños, con el fin de que sus estudiantes leyeran en silencio. Era el paraíso para los niños y los libros por igual, hasta que llegó una mañana y lo encontró todo amontonado. Su solicitud de mantener su decoración y su explicación, que facilitaba que los niños disfrutaran el tiempo que pasaban en la biblioteca y leyeran por su cuenta, cayó en oídos sordos. Y ahora estaba sucediendo de nuevo. Sus métodos bien investigados, que dependían de leerle a sus estudiantes lo que fuera necesario para encender el amor por la lectura en su interior, fueron puestos en duda. Reemplazaron los libros que había elegido con todo cuidado.

—Lo más frustrante —resumió mientras se tocaba las mejillas—, es que la lectura en voz alta se ha vuelto irrelevante.

En las semanas siguientes mi mente volvía una y otra vez a un episodio de La dimensión desconocida. «El hombre obsoleto» estaba protagonizado por Burgess Meredith, que hacía el papel de un hombre enjuiciado por el crimen de ser bibliotecario. En la época en que se escribió, el mundo que retrataba el episodio estaba en un futuro distante y nebuloso. Ahora, mi papá se sentía como si lo llevaran a juicio y veía que su pasión por inspirar a los niños se volvía anticuada y pintoresca: obsoleta. No iba a recibir la pena de muerte, por supuesto, pero para un hombre que había dedicado su vida a los libros, ver que estas cosas se volvían irrelevantes era lo más cercano a la pena capital. Unas semanas más tarde, cuando se le dijo que eliminara la lectura por completo de sus planes de estudio, me costó trabajo entender cómo tenía fuerzas para salir de su cama por la mañana.

Se etiquetó a mi padre como rebelde e insubordinado porque hizo lo que cualquier bibliófilo habría hecho en su situación: se defendió. Empezó con conversaciones tranquilas con sus directores, preguntándoles por qué se estaban aplicando esas reglas extrañas, y por qué entonces. Pero ellos no parecían interesados en hablar. Él les explico que su labor respondía al programa de estudios: comprar libros adecuados para cada edad y leerles a los niños eran actividades que se esperaba se hicieran en todo el Estado. Pero en cuanto las palabras salían de su boca, se alejaban flotando en la brisa, desatendidas, sin ser escuchadas. En la escuela donde se prohibió leer a los niños, mi papá trasladó sus clases al fondo de la biblioteca, donde apagaba las luces, los reunía alrededor y les leía en secreto.

No entendía qué veían en la lectura, o tal vez en mi padre, que frustraba tanto a estos hombres. La idea principal, no obstante, parecía ser el deseo de cambio. Los directores querían hacer una transformación, que cuando se fueran la escuela fuera diferente de cuando llegaron, y yo lo respetaba. Es difícil imaginar que quisieran dejar un sitio sin haber tenido algún impacto. Pero abandonar arbitrariamente las tradiciones, como los libros que habían desechado porque eran viejos, parecía incorrecto. Los libros y sus planes de lecciones habían perdurado porque cumplían su propósito. Y ahora, en aras de la modernidad, ambos se invalidaban sin dudarlo. Lo peor de todo era que la lectura en voz alta estaba desapareciendo por completo de la biblioteca.

—Tienes que luchar —le dije una noche por teléfono.

—Bueno, eso pienso hacer, porque es lo correcto para los niños. Necesitan que se les lea y tener buenos libros en la biblioteca.

—Y también debes luchar por ti. Es tu trabajo y lo haces bien. ¡Hace nueve meses fuiste educador del año en toda la ciudad! ¿Eso no cuenta? ¿Quieres que vaya y hable con ellos?

Sabía que esa no era una solución realista. Pero podía entender por qué los padres frustrados en ocasiones les gritan a los árbitros o envían cartas furiosas a los entrenadores. No importa lo distanciado que creas que debes estar, es difícil ver cómo maltratan a alguien que amas y no hacer nada.

—Voy a llamar al periódico, si me dejas —añadí con esperanza—. Creo que la gente responderá a tu historia.

—Lovie, comprendo que quieras ayudar, y eres endemoniadamente buena para eso. Si fueras abogada y pudiéramos llevar el caso a la corte, enredarías a todos. Pero tengo sesenta y un años. Muchos maestros se jubilan a los sesenta y dos. No vale la pena la tensión de luchar por mi propio beneficio. No necesito defender mi trabajo cuando solo me quedan siete meses más. Alguien tiene que defender a los niños, y yo lo haré, pero esto no puede ser por mí. No vale la pena.

Escuchar a mi papá describirse a sí mismo, o su trabajo, con un «No vale la pena» me descorazonó, aunque estaba siendo lógico. Muchas personas habrían descrito todo el dinero y el tiempo que dedicó a su trabajo exactamente con un «No vale la pena», pero para él no era un trabajo y ni siquiera un carrera. Era su vocación.

—¡Tú no quieres retirarte a los sesenta y dos años! ¡Ese no eres tú! —Yo estaba conteniendo las lágrimas y me sentía contenta de que estuviéramos hablando por teléfono en lugar de hacerlo en persona, para que no viera que los ojos se me enrojecían.

—Si leer fuera todavía la prioridad, trabajaría hasta que no pudiera subir las escaleras de la biblioteca. Pero si mi trabajo es pasar todo el ciclo escolar enseñando a los niños sobre internet mientras que libros muy buenos están almacenados y llenándose de polvo, no puedo forzarme a seguir yendo allí.

—Pero por ahora, ¿lo llevarás a una instancia más alta por amor a los niños?

—Por ahora. Por amor a los niños.

Mi padre programó una reunión con algunos altos cargos del distrito. Una vez que se fijó la cita, dedicó todo su tiempo libre a investigar sobre los beneficios de leer en voz alta. Dedicó horas a reunir artículos y estudios, imprimiéndolos en pilas gruesas, y luego buscó en ellos argumentos especialmente convincentes. Se puso en contacto con la máxima autoridad de Estados Unidos en lectura en voz alta, Jim Trelease, un autor de libros muy vendidos sobre el tema. Trelease respondió con sugerencias e ideas útiles para investigar. En realidad, la historia de mi padre lo llevó a escribir un ensayo acerca de la situación, sin mencionar su nombre ni la ciudad a petición de mi papá, y lo publicó en la página de inicio de su sitio web. Entre mis clases, investigué sobre los beneficios de leer en voz alta a los niños y le envié a mi padre vínculos y sugerencias. Cuando llegó la gran reunión, me sentía confiada.

Vino a llevarme a su restaurante favorito al día siguiente y se veía mucho mejor de lo que lo había visto en meses. La reunión había salido bien…, en realidad demasiado bien. Los supervisores que asistieron confirmaron que la lectura en voz alta, por supuesto, era una parte del programa de estudios y que las computadoras, aunque eran importantes a su manera, no representaban el eje del tiempo en la biblioteca. Mi papá se mostraba renuente a creer que algo saldría de aquella reunión, pero eso no tenía sentido para mí. ¡Eran funcionarios de distrito! ¡Estaban de su lado! Apenas pude terminar mi sándwich de tocino, pero aquella vez fue de puro entusiasmo. Por fin, alguien lo entendía.

Una semana después, recibió una carta relacionada con la reunión. Llamó para leérmela.

—«Como acordamos en nuestra reunión» —tenía problemas para decirlo, como si las palabras se pegaran a su estómago—, «usted no leerá más de un libro por clase, que dure de cinco a diez minutos».

—¡No es posible que diga eso! ¡Regresamos al principio! ¡No es eso lo que pasó! ¿O sí pasó?

—No, en absoluto. Tengo mis notas de la reunión frente a mí. Es posible que me haya engañado hasta cierto punto. ¡Sé que mi audición es mala, pero no puede serlo tanto!

—¿Entonces qué vas a hacer?

—¿Qué puedo hacer ahora? Ya lo llevé a las máximas instancias posibles.

—Sinceramente no comprendo lo que sucedió. ¿Por qué este cambio?

—Alguien que se encuentra por arriba de las personas con las que hablé debió de estar en desacuerdo. Es todo lo que puedo imaginar. Al parecer, la lectura en voz alta no es demasiado popular por el momento. O tal vez yo no soy demasiado popular.

Sabía que lo último resultaba imposible: mi padre es uno de los hombres más agradables que he conocido, especialmente en el ámbito profesional. Los maestros siempre han quedado tan impresionados por su trabajo que en ocasiones cedían su tiempo de descanso para ir a sentarse al fondo de su clase, escuchando los libros ilustrados pero disfrutando cada minuto.

—¡Tienes que hablar con alguien! —insistí.

—No va a servir de mucho.

Por amor a los niños, envió un correo electrónico: un mensaje cortés a una de las personas con las que se había reunido pidiendo que le aclarara por qué sus notas de la reunión diferían tanto de la carta que había recibido. La respuesta fue corta y brusca. Decía que «obviamente él había malinterpretado» lo que se conversó en la reunión. Él envió un correo electrónico de seguimiento, y luego otro, pero no obtuvo respuesta. Por primera vez en su vida, visitó a un médico debido a su tensión. El doctor sugirió firmemente que mi papá estaba poniendo en riesgo su salud, y posiblemente su vida, al permanecer en su trabajo. De modo que estuvo de incapacidad durante varios meses, esperando algún tipo de cambio. Entonces la noticia llegó a través de un amigo suyo: si los rumores eran creíbles, todos los libros se habían retirado de la biblioteca. A la sala de la que ya habían retirado su decoración hogareña, se le privaba ahora de la última cosa que la convertía, por definición, una biblioteca.

A la edad de sesenta y un años y en una estupenda condición física, aparte de la tensión, mi padre se retiró del trabajo que había esperado conservar hasta que ya no pudiera subir las escaleras.

CAPÍTULO VEINTINUEVE

Una vez que el remolcador te lleva al transatlántico,
tienes que permanecer todo el tiempo a bordo.
No puedes pasar de una cubierta a otra.

KATHERINE PATERSON, *La gran Gilly Hopkins*

Durante las primeras semanas después de que mi padre se jubiló, yo iba a casa con la mayor frecuencia posible solo para asegurarme de que estuviera bien. En ocasiones ni siquiera conversábamos, solo pasaba el día sentada junto a él, para que supiera que no estaba solo. Cuando se iba a la cama, le hablaba hasta que se quedaba dormido y luego me sentaba en mi recámara, lo escuchaba respirar en paz hasta que me daba sueño. En ese momento, finalmente relajada y convencida de que las cosas iban a estar bien, llamaba a mi novio. Al teléfono con él, nuestros problemas parecían menos estresantes, me reía, escapaba a un mundo donde los bibliotecarios y los libros no importaban. Sentía que estaba bien empezar a moverme, lenta y cautelosamente, hacia algo más brillante y feliz. Porque sabía que mi padre pensaría en algo y, sobre todo, porque también necesitaba dormir en algún momento.

—Solo una historia más y me voy a la cama —decía yo y bostezaba haciendo ruido, obviamente para que la afirmación pareciera más auténtica.

En realidad me empezaba a dar sueño, pero no con la suficiente rapidez.

—Vamos. Dijiste eso antes de la última historia. No va a funcionar dos veces.

—¡Pero de verdad todavía no estaba cansada! Y ahora sí. No seas irracional. No puedo evitarlo.

—Bien. ¿De qué debe tratarse? —suspiraba, no tan molesto como intentaba sonar.

—Espera. Creo que mi papá dice algo —susurré.

Esperamos en silencio hasta que me di cuenta de que él silbaba una canción en su sueño. Me reí.

—Falsa alarma.

Me hundí más bajo las cobijas con el teléfono y puse las almohadas alrededor de mi cabeza para crear una barrera de sonido. Sin salir, extendí mi brazo detrás de mi cabeza para apagar la luz. La habitación era fría y oscura. El aire acondicionado se encendió justo a tiempo para amortiguar aún más mi voz.

—Escucha, amiga, me estoy cayendo de sueño. ¿Podemos acortar esto? —dijo Dan.

—¡No! ¡Dijiste eso anoche! Dijiste eso anoche y yo me fui a la cama bien despierta.

—¡Tuviste dos historias anoche y has tenido tres hoy! ¿Cómo llegamos a que sea yo el que tiene que contarlas? Tú cuentas grandes historias: cuéntame una.

—No se vale, ya estás durmiéndote. Cuando no puedas dormir te contaré una.

Dan lanzó un gruñido en el otro extremo del teléfono mientras pensaba.

—Muy bien. Había una vez un puercoespín —empezó.

—¿Cómo se llamaba?

—Worthington.

—¡Iiiii! —exclamé— ¡Worthington! Es estupendo.

—Y Worthington pensaba que era valiente, la más valiente de todas las bestias, a decir verdad.

—Pero solo era un puercoespín.

—¡No digas eso! ¿Qué sentirías si dijera que tú solo eres una niña?

—Diría que tienes razón, pero soy una niña muy bonita. Soy pequeña, pero poderosa.

—¿Qué pasó con lo de que íbamos a contarlo rápido?

—Lo siento, está bien. Así que Worthington pensaba que era la más feroz de las bestias.

—Sí. Pero cuando tuvo que cuidar a un grupo de pequeñas tortugas, de pronto se sintió un poco menos feroz.

Me hice bolita y dejé que hablara; sonreía mientras Worthington salía en búsqueda de moras azules para sus nuevas amigas; me quedé sin aliento cuando se encontró con un enorme y peludo perezoso. Por supuesto, él también buscaba moras azules, y podían ayudarse entre sí. Pero el perezoso tenía un miedo secreto a las púas de Worthington, yo agregué esa parte.

No recuerdo cuándo empecé a pedirle a mi novio que me contara historias para ir a dormir. Empezamos a salir en la universidad. Había pasado tiempo desde que La Promesa se acabó y yo leía habitualmente para dormirme, pero no era lo mismo. Quería oír la voz de alguien mientras iba quedándome dormida, alguien que se sentara cerca de mí. Durante casi toda mi vida eso había sido lo normal, y me costaba mucho trabajo ajustarme a otros sonidos a la hora de dormir. El radio me mantenía despierta; el televisor me volvía loca. En ocasiones podía escuchar a la gente peleando en el corredor, afuera de mi habitación, pero eso tampoco era lo que buscaba para sentirme reconfortada. En la primavera había grillos que me recordaban a mi casa, pero en el segundo piso apenas podía escuchar su música, aunque deslizara mi cama contra la ventana y me durmiera con la cabeza contra la cortina; tenía problemas para dormirme sin nuestra tradición.

Dan y mi padre tienen muy poco en común, es algo que me gusta de ambos. No me recuerdan al otro y no pienso que debieran hacerlo. No habría sido correcto pedirle a Dan que me leyera, pero era un excelente narrador. Una vez, cuando estaba molesta por una discusión con una amiga y no lograba relajarme, Dan se sentó en la orilla de mi cama antes de irse por la noche y puso su mano sobre mi frente, apartando mis rizos de los ojos.

—¿Te has preguntado alguna vez si la oveja tiene cosas atrapadas en su lana? —me preguntó.

Me reí a pesar de mi molestia.

—¿De qué hablas? Supongo que sí. Tal vez ramas, hojas y esas cosas.

—No, me refiero a objetos caseros. Toallas, espátulas y esas cosas. Juguetes de gatos. Cucharas para medir.

—Sinceramente nunca he pensado en eso —dije mientras trataba de imitar su tono serio, pero con una sonrisa.

—¿Te imaginas lo molesto que sería tener una oveja de mascota? Te apuesto a que todas las noches antes de que las lleves a dormir tienes que ponerlas en fila y sacudirlas.

—¿Sacudirlas? —Estaba entusiasmada con la idea y doblé los dedos de los pies debajo de las cobijas.

—Sí, simplemente debes hacerlo. No hay manera de evitarlo. Si no sacudes a tu oveja antes de irte a la cama, perderás demasiadas cosas importantes. Te pasarás el resto de la vida buscando el control remoto. Y no es que les guste. ¿Cómo te puede gustar despertarte con una raqueta de madera en tus sábanas? Podría sonar divertido ahora, ¡pero alguien podría salir seriamente herido!

Este hilo narrativo continuó durante varias noches. La oveja en general se convirtió en tres ovejas específicas: Madeline, Paul y Gertrude. Vivían en mi casa y cada noche trataban de escabullirse sin que lo notara. Su objetivo era, algún día, de alguna manera, hacer pan tostado en su recámara por la noche. Pero sabía lo que pretendían y siempre recordaba sacudirlas antes de que se fueran, porque si comían en la cama lo llenarían todo de migajas. Luego las ovejas desarrollaron personalidades. A Gertrude le gustaba crear problemas; siempre intrigaba, pero nunca planeaba nada más malvado que robarse un postre extra. Madeline era femenina, extrovertida y amante de la diversión; usaba lápiz de labios y le gustaba probarse mis zapatos cuando me ausentaba de casa. Paul era el más agradable, solo que nadie lo sabía porque sus hermanas siempre le ponían trampas. Sin embargo, me sentía mal por Paul, así que en ocasiones él terminaba por ser el héroe.

Una vez que tuvimos personajes recurrentes, desarrollaron amigos recurrentes. Y entonces, como en los buenos programas de televisión, los amigos tuvieron sus propias historias derivadas. Pronto contamos con un repertorio de treinta o más animales, cada uno con personalidades y rasgos distintivos, estaban bien definidos. Nadie era bueno o malo por completo. En ocasiones se enredaban en peleas y en otras se hacían horribles bromas entre sí. Era demasiado entretenido, tal vez más de lo que debía ser para dos estudiantes universitarios.

La vida sin La Promesa requería un ajuste extraño y estas historias nunca fueron un sustituto. Nada se parecía al hecho de que te leyera la misma persona todas las noches, sin faltar una sola, durante años. Estoy satisfecha con eso: nada se le ha acercado siquiera. Pero por la noche, cuando leía sola, todo estaba tan tranquilo y mi papá se encontraba a tantos kilómetros de distancia, que esas historias me ayudaban a conservar una parte de mi vida que aún no estaba preparada para dejar atrás. Y eso duró todo el tiempo que estuve en la universidad. Y cada vez que iba a casa, mi padre me leía todo el tiempo: fragmentos del periódico, partes de un libro que hojeaba en el cuarto de un lado. Yo también le leía: secciones de mis escritos o correos electrónicos de mi hermana. Leímos nuevos libros aun después de que terminó La Promesa. Una familia de lectores nunca deja de leer. Casi todas las noches, cuando estoy en casa, él lee en su cuarto y yo en el mío, y nos gritamos pasajes divertidos o que invitan a la reflexión hasta que él se duerme. Entonces tomo mi celular, me escurro debajo de las cobijas y trato de mantener mi voz baja para no despertarlo.

—Hola —digo cuando responde Dan—. Me preguntaba sobre lo que ibas a contarme esta noche. Porque pienso que debes saber de antemano que vas a tener que hacer todo el trabajo. Yo ni siquiera estoy cansada.

En el cuarto contiguo, escucho que mi padre se aclara la garganta y se da vuelta. Me pregunto si lo despierto. Me pregunto si se siente reemplazado cuando escucha que alguien más me cuenta una historia para dormir. Me pregunto si le importa. Entonces se acomoda de espaldas y ronca fuertemente. Sonrío.

—Vamos. Solo una historia más y me voy a dormir —susurro en el teléfono.

CAPÍTULO TREINTA

Fawkes es un ave fénix, Harry.
Las aves fénix estallan en llamas
cuando llega el momento de su muerte
y vuelven a nacer de las cenizas. Mírala.

J. K. ROWLING, *Harry Potter y la cámara secreta*

Mi padre y yo aún nos enojábamos ocasionalmente. Creo que era natural en alguien que había perdido algo importante (progresivamente, había dejado la lectura a un lado). Pero otras cosas surgieron. La nieve que había caído constantemente ese invierno por fin cesó. Yo tenía una entrevista para un programa en la Universidad de Pennsylvania, y eso nos dio algo de qué hablar. Luego fui admitida, y eso nos dio algo para entusiasmarnos. Comíamos fuera y visitábamos museos. Con el tiempo, empezamos a sentirnos mejor.

Pero mi papá no podía simplemente sentarse en casa y adaptarse a la vida del retiro. Él disfrutaba caminar cuando quería, regresar a la cama si le apetecía, y dar caminatas a mediodía cuando la idea le acomodaba. Pero extrañaba leerles a otros. Así que encontró una manera de hacerlo.

—Voy a irme a un asilo de ancianos.

—No creo que sea políticamente correcto. Además, estás jubilado. Te encuentras en gran forma. No hay razón para ponerte en un asilo.

—Obviamente tengo una condición física envidiable, cabeza de chorlito. Voy a servir de voluntario, leyendo a los viejos.

Que quede claro que no soy ni nunca he sido, hasta donde yo sé, una cabeza de chorlito.

—¿Qué leerás?

—Libros ilustrados.

—¿A adultos?

—¿Por qué no?

—¿No se van a ofender?

—Les pediré que no se ofendan.

—No creo que funcione así.

Pero las cosas no salieron exactamente de esa manera. Mi padre pasó semanas practicando lo mejor de los mejores libros de su colección personal: clásicos que me había leído, como *Merry Christmas, Space Case, Nosey Mrs. Rat, Milo's Hat Trick* y *The Nightgown of the Sullen Moon*. Hizo planes para visitar tres casas de retiro en una mañana de viernes. Se levantó temprano para practicar y, por supuesto, se puso una camisa bien planchada y una corbata. Cuando llegó, les explicó que los libros ilustrados eran lo que él creía que le salía mejor. No estaba tratando de insultarlos; en realidad era todo lo opuesto. Estaba siendo amable como mejor sabía, y esperaba que ellos pudieran disfrutarlo.

Lo hicieron. Como él lo describió, estaban «hipnotizados». Sonreían ante los héroes y los niños bonitos y agitaban las cabezas con desaprobación cuando aparecían los villanos. Aplaudieron después de cada libro, y analizaron cada lectura entre ellos por un momento antes de empezar con la siguiente. Mi papa admitió que unos cuantos se habían quedado dormidos en un momento u otro, pero eso es lo que se espera cuando se trabaja con ancianos, y él no se ofendió. Si acaso, decidió que los estaba arrullando para que cayeran en una placentera siesta al final de la mañana y los hacía sentir perfectamente relajados. Puedo atestiguar, por algunas de las sesiones de lectura unos minutos antes de la medianoche, que su voz a veces podía tener una cualidad relajante.

Estaba extremadamente complacido con los resultados de su labor, sobre todo porque aquella era una audiencia nueva e inexplorada para él. Mantuvo sus citas de lectura todos los viernes, y las multitudes que acudían aumentaron. Más o menos un mes después de llevar esa rutina, describió una escena que yo encuentro especialmente reconfortante.

—Llegué a leerle a mi último grupo del día, y había mucha gente en la sala, en filas y filas de sillas, tal vez cuarenta personas o más. Todas estaban frente al mismo lugar, y supuse que iban a ver una película. Bueno, estaba muy desalentado, porque era mi hora habitual de lectura y ellos sabían que yo iba a ir, pero asumí que tendría que leerle a quien estuviera libre. Me acerqué al escritorio de entrada para firmar, y la mujer me dijo: «Lo están esperando». Señaló a aquella misma sala, y me di cuenta de que todos estaban sentados en silencio, mirándome.

Ese día, mi padre leyó ante la audiencia más numerosa que había tenido. La sensación lo electrificó más que nada de lo que había hecho, que yo pudiera recordar. No podía dejar de hablar acerca de la experiencia, durante cada llamada telefónica y cada viaje en carro, reviviendo una y otra vez la sorpresa y la súbita ola de alegría que sintió cuando se dio cuenta de que todas esas personas estaban allí para que él les leyera. Después de sentir durante tanto tiempo que su talento era inútil, se vio tranquilizado y extasiado de tener una respuesta tan estupenda. Empezó a añadir más y más libros a su colección, llegando finalmente a probar las historias que habían sido demasiado difíciles para los estudiantes de primaria. Representó su muy necesario renacimiento y practicó su técnica más que nunca.

Luego agregó una escuela de preescolar a su lista y encontró que, a pesar de lo que el distrito de su escuela lo había llevado a creer, a los niños les encantaba que les leyeran, tal como lo recordaba. Cuando pensó en ser voluntario en un hospital para leerles a los niños que iban a someterse a cirugía, yo quedé casi convencida de que él nunca tendría que pensar de nuevo en el sistema de escuelas públicas.

Pero inevitablemente su mente vagaba de regreso a los niños que habían quedado atrás. Después de trabajar en una escuela integrada principalmente por minorías y casi completamente por niños que calificaban para recibir tres almuerzos del Estado, siempre se preocupó por los estudiantes marginales. Una biblioteca sin libros le parecía como un castigo de pesadilla para los estudiantes que necesitaban desesperadamente aprender a leer para avanzar en el mundo y salir de la pobreza. Yo sabía que no aceptaría la injusticia por mucho tiempo. Su anuncio no me sorprendió.

—Voy a postularme para participar en las elecciones de la directiva escolar —dijo un día, tras despertarse de una larga siesta.

—Después de todo ese dolor de cabeza, ¿vas a volver al sistema escolar? Es honorable, pero no estoy segura de que sea inteligente.

—Lo que sucedió no está bien, y si puede corregirse, yo lo voy a hacer.

—¿Y qué pasa si no puedes?

—Mira, Lovie, no estoy diciendo que no sea difícil. Pero alguien tiene que dar la batalla antes de que la lectura en voz alta desaparezca por completo de las escuelas. Los exprofesores nunca participan en las elecciones para el consejo, pero los exdirectores sí. Ellos necesitan mi punto de vista. Pero creo que lo más importante es que necesitan a alguien que sepa lo que está pasando y lo que los estudiantes están perdiendo.

Ya sabía todo eso antes de que lo dijera, pero quería escucharlo porque necesitaba escuchar la pasión de su voz. Yo estaba y siempre estaré de su lado, pero aquel era un lugar mejor una vez que me di cuenta de que él todavía tenía deseos de pelear.

—¿Sabes? Tus argumentos son muy convincentes.

—Es un alivio. Creo que serán útiles cuando se celebren las elecciones el próximo año.

—¿El año que viene? Eso es mucho tiempo.

—Así tengo tiempo para prepararme.

Y eso hizo. Por ahora, vive una vida de pensionado muy típica, ofreciéndose como voluntario y trabajando en proyectos cerca de la casa. Va a comprar los víveres las mañanas de los jueves y escucha el beisbol en el radio. En mi mente, eso lo hace más interesante. Es como un superhéroe que vive una vida normal antes de empezar su carrera como defensor de bibliotecas, libros y el importantísimo arte de leer en voz alta. Cuando lleguen las elecciones y la ciudad se dé cuenta de la amenaza que enfrenta, él luchará por lo que es bueno y correcto en el mundo y nos protegerá del desastre. Pero antes tiene que practicar la manera de ocultar su identidad.

Tenemos una alberca para pájaros en nuestro patio delantero. Es una pequeña plataforma que mi papá construyó con bloques para poder mirar los pájaros desde la ventana de la sala. Pero normalmente prefiere estar en el pórtico: con un libro y tal vez un plato de helado, se sienta en una mecedora. Aunque no se mece; trata de permanecer quieto para que los pájaros no se espanten. En ocasiones, ni siquiera abre el libro. Lo coloca sobre sus piernas y cuenta los pájaros a medida que pasan. Parece como si esperara algo, porque así es. Está esperando un cambio. Asumió un compromiso que aún no puede abandonar.

Lo llamamos La Promesa, pero era más que una promesa. Una promesa del uno para el otro, una promesa a nosotros mismos. La promesa de estar siempre ahí y no ceder nunca. Era una promesa de esperanza en tiempos desesperanzadores. Era una promesa de comodidad cuando las cosas eran incómodas. Y mantuvimos la promesa que le hicimos al otro.

Pero más que eso, fue una promesa hecha al mundo: de recordar el poder de la palabra impresa, de darse tiempo para apreciarla, para protegerla a toda costa. Mi papá prometió explicar, a todas y cada una de las personas con las que se encuentra, la capacidad que tiene la literatura para cambiar la vida. Prometió luchar por ella. Así que eso es lo que hace. Hace trece años, mi padre hizo la promesa de leerme en voz alta.

Mantuvo su palabra.

Mi papá no fue la única persona que hizo esta promesa. Yo también la hice, como millones de personas en todo el mundo. Desde que los libros se crearon y se copiaban a mano a la luz del fuego, muchos los han reconocido como los tesoros que son. Hombres y mujeres de todos lados los han valorado y protegido. Tal vez no hayan hecho una promesa, pero el compromiso aún está allí. Siempre hay tiempo para comprometerse a leer y defender la lectura, y siempre vale la pena. Esto es más importante ahora de lo que lo fue antes. Por desgracia, la situación de mi padre no es única: día a día, la literatura ha sido desplazada de nuestras vidas y las vidas de nuestros hijos. Este es el momento de actuar. Es el momento de hacer una promesa.

LA PROMESA

Yo, _____, prometo leer. Prometo leer a solas, impreso o en pantalla, allá donde haya libros. Prometo visitar mundos de ficción y obtener nuevas perspectivas, mantener una mente abierta acerca de los libros, aunque la portada sea poco atractiva y el autor no me resulte conocido. Prometo reír a carcajadas, sobre todo en público, cuando el capítulo me divierta, y llorar sin control en mi cama durante horas cuando muera mi personaje favorito. Prometo buscar el significado de las palabras cuando no lo conozca, las ciudades que no localice y las personas que no recuerde. Prometo perder la noción del tiempo.

Prometo leer con _____, si no todas las noches, cada vez que pueda. Prometo recordar que esta persona es más que mi hijo, hija, madre, padre, hermana, hermano, tía, tío, sobrino, casero o cuidador del perro; es una mente que, como la mía, adora que le den uso y la desafíen. Prometo compartir los libros que se amolden a nuestras necesidades, tanto si elegimos leernos el uno al otro o simplemente reunirnos para analizarlos y hornear pasteles en casa. Prometo apreciar el tiempo que pasemos juntos y la literatura que conozcamos, aunque esté tenso, cansado, quemado por el sol o en una horrorosa combinación de las tres, porque los libros son mejores cuando se comparten. Prometo hacerlo lo mejor posible para cumplir nuestro objetivo, sin importar si es leer durante mil noches o simplemente llegar a conocernos mejor. Prometo no dejar de leer nunca, ni consentir que el otro lo deje, cumplamos nuestra meta o no.

Prometo apoyar la lectura en mi comunidad, _____, y en todos los demás lugares donde sea posible. Prometo difundir la palabra acerca de las palabras, sea como voluntario en mi biblioteca local o tan solo recomendando buenos libros a amigos. Prometo protestar si la lectura se elimina de los planes de estudio escolares y luchar por los libros cada vez que se cuestione su valor. Prometo decirles a todos que la lectura me tranquiliza, me irrita, me hace pensar o me ayuda a dormir por las noches. Prometo leer y leerle a alguien, mientras el pensamiento humano aún sea valorado y haya palabras que compartir.

Prometo estar ahí para los libros, porque sé que siempre estarán ahí para mí.

LISTA DE LIBROS DE LA PROMESA

Mi padre y yo no sabíamos en qué se convertiría La Promesa y, por tanto, nunca hicimos una lista de los libros que leímos. Muchos los hemos olvidado, pero estos son los que recordamos.

The Last Treasure, de Janet S. Anderson
Los pingüinos de Mr. Popper (*Mr. Popper's Penguins*), de Richard y Florence Atwater
The Barn, de Avi
Buena suerte (*Wish You Well*), de David Baldacci
Harry the Poisonous Centipede, de Lynne Reid Banks
Searching for David's Heart, de Cherie Bennett
A Gathering of Days, de Joan W. Blos
Skeleton Man, de Joseph Bruchac
El jardín secreto (*The Secret Garden*), de Frances Hodgson Burnett
Trouble River, de Betsy Byars
The Family under the Bridge, de Natalie Savage Carlson
Alicia en el país de las maravillas (*Alice's Adventures in Wonderland*) y *A través del espejo* (*Through the Looking Glass*), de Lewis Carroll
Al Capone me lava la ropa (*Al Capone Does My Shirts*), de Gennifer Choldenko
Shen of the Sea, de Arthur Bowie Chrisman
Asesinato en el Expreso de Oriente (*Murder on the Orient Express*) y *Diez negritos* (*Ten Little Indians*, también conocido como *And Then There Were None*), de Agatha Christie
Pinocho (*Pinocchio*), de Carlo Collodi
My Daniel, de Pam Conrad
A bordo de El Vagabundo (*The Wanderer*), de Sharon Creech

Me llamo Bud, no Buddy (*Bud, Not Buddy*), de Christopher Paul Curtis

James y el melocotón gigante (*James and the Giant Peach*), *Danny el campeón del mundo* (*Danny the Champion of the World*) y *Los Minpins* (*The Minpins*), de Roald Dahl

Gracias a Winn-Dixie (*Because of Winn-Dixie*), de Kate DiCamillo

Grandes esperanzas (*Great Expectations*), *Los papeles póstumos del club Pickwick* (*The Pickwick Papers*), *Cuento de Navidad* (*A Christmas Carol*) y *La tienda de antigüedades* (*The Old Curiosity Shop*), de Charles Dickens

Una temporada para silbar (*The Whistling Season*), de Ivan Doig

Las aventuras de Sherlock Holmes (*The Adventures of Sherlock Holmes*), de Sir Arthur Conan Doyle

Ginger Pye, de Eleanor Estes

Tales from Silver Lands, de Charles J. Finger

Whirligig y *The Half-a-Moon Inn*, de Paul Fleischman

Stone Fox, de John Reynolds Gardiner

Pictures of Hollis Woods, de Patricia Reilly Giff

Los otros Shepard (*The Other Shepards*), de Adele Griffin

Among the Hidden y *Among the Betrayed*, de Margaret Peterson Haddix

S.O.S., la odisea de los búhos (*Hoot*), de Carl Hiaasen

The Year of Miss Agnes, de Kirkpatrick Hill

¡Adiós, Mr. Chips! (*Goodbye Mr. Chips*), de James Hilton

Indigo, de Alice Hoffman

When Zachary Beaver Came to Town, de Kimberly Willis Holt

Operación Stormbreaker (*Stormbreaker*), *Point Blank*, *Cayo Esqueleto* (*Skeleton Key*), *Arca Ángel* (*Ark Angel*) y *El golpe del águila* (*Eagle Strike*), de Anthony Horowitz

Up a Road Slowly y *Across Five Aprils*, de Irene Hunt

The Secret Journey, de Peg Kehret

In the Stone Circle, de Elizabeth Cody Kimmel

From the Mixed-up Files of Mrs. Basil E. Frankweiler y *Retrato del sábado* (*The View From Saturday*), de E. L. Konigsburg

Beyond the Open Door, de Andrew Lansdown

The Secret in the Woods, de Lois Gladys Leppard

Spy X: The Code, de Peter Lerangis

El mundo encantado de Ela (*Ella Enchanted*), de Gail Carson Levine

El león, la bruja y el armario (*The Lion, the Witch and the Wardrobe*) y
   La travesía del Viajero del Alba (*The Voyage of the Dawn Treader*),
   de C. S. Lewis

El dador de recuerdos (*The Giver*) y *Anastasia Krupnik*, de Lois Lowry

Viaje (*Journey*), de Patricia MacLachlan

Be a Perfect Person in Just Three Days!, de Stephen Manes

The Doll People, de Ann M. Martin

Good Night, Maman, de Norma Fox Mazer

Winnie Puh (*Winnie-the-Pooh*) y *El rincón de Puh* (*The House at Pooh
   Corner*), de A. A. Milne

Thomas Jefferson: A Boy in Colonial Days, de Helen A. Monsell

It's Like This, Cat, de Emily Neville

La isla de los delfines azules (*Island of the Blue Dolphins*), de Scott O'Dell

La gran Gilly Hopkins (*The Great Gilly Hopkins*), de Katherine Paterson

El hacha (*Hatchet*), de Gary Paulsen

A Year Down Under, de Richard Peck

The Moosepire y *Once Upon a Blue Moose*, de Daniel Manus Pinkwater

Cuentos y poemas seleccionados de Edgar Allan Poe

Pawns, de Willo Davis Roberts

Esperanza renace (*Esperanza Rising*), de Pam Muñoz Ryan

Missing May y *The Islander*, de Cynthia Rylant

Hoyos (*Holes*), de Louis Sachar

La casa de los osos (*The Bears' House*), de Marilyn Sachs

Sueño de una noche de verano (*A Midsummer Night's Dream*) y *Macbeth*,
   de William Shakespeare

Among the Dolls, de William Sleator

Cat Running, de Zilpha Keatley Snyder

Miracles on Maple Hill, de Virginia Sorenson

Maniac Magee y *The Library Card*, de Jerry Spinelli

The Mouse of Amherst, de Elizabeth Spires

Andy Jackson: Boy Soldier, de Augusta Stevenson

Surviving the Applewhites, de Stephanie S. Tolan
Banner in the Sky, de James Ramsey Ullman
Dicey's Song, de Cynthia Voigt
Each Little Bird That Sings y *Love, Ruby Lavender*, de Deborah Wiles
The Moonlight Man, de Betty Ren Wright
The Pigman, de Paul Zindel

Libros de L. Frank Baum:

El maravilloso mago de Oz (*TheWonderful Wizard of Oz*)
La maravillosa tierra de Oz (*The Marvelous Land of Oz*)
Ozma de Oz (*Ozma of Oz*)
Dorothy y el mago de Oz (*Dorothy and the Wizard of Oz*)
El camino a Oz (*The Road to Oz*)
La ciudad esmeralda de Oz (*The Emerald City of Oz*)
La chica de retazos de Oz (*The Patchwork Girl of Oz*)
Tik-Tok de Oz (*Tik- Tok of Oz*)
El espantapájaros de Oz (*The Scarecrow of Oz*)
Rinkitink de Oz (*Rinkitink in Oz*)
La princesa perdida de Oz (*The Lost Princess of Oz*)
El hombre de hojalata de Oz (*The Tin Woodman of Oz*)
La magia de Oz (*The Magic of Oz*)
Glinda de Oz (*Glinda of Oz*)
Dot y Tot de Merryland (*Dot and Tot of Merryland*)
Cuentos americanos (*American Fairy Tales*)
La llave maestra: un cuento de hadas eléctrico (*The Master Key: An Electrical Fairy Tale*)
Mamá Oca en prosa (*Mother Goose in Prose*)
La reina Zixi de Ix (*Queen Zixi of Ix*)
Las hadas del mar (*The Sea Fairies*)
Isla en el cielo (*Sky Island*)
La isla encantada de Yew (*The Enchanted Island of Yew*)
El monarca mágico de Mo (*The Magical Monarch of Mo*)
Papá Oca: su libro (*Father Goose: His Book*)
Pequeñas historias de magos de Oz (*Little Wizard Stories of Oz*)

Libros de Judy Blume:

Jugo de pecas (Freckle Juice)
Tales of a Fourth Grade Nothing
Superfudge
Fudge-a-Mania
Doble fudge (Double Fudge)
The One in the Middle Is the Green Kangaroo

Libros de Ramona, de Beverly Cleary:

Beezus y Ramona (Beezus and Ramona)
Ramona la chinche (Ramona the Pest)
Ramona la valiente (Ramona the Brave)
Ramona y su padre (Ramona and Her Father)
Ramona y su madre (Ramona and Her Mother)
Ramona empieza el curso (Ramona Quimby, Age 8)
Ramona por siempre (Ramona Forever)
El mundo de Ramona (Ramona's World)

Libros de Harry Potter, de J. K. Rowling:

Harry Potter y la piedra filosofal (Harry Potter and the Sorcerer's Stone)
Harry Potter y la cámara secreta (Harry Potter and the Chamber of Secrets)
Harry Potter y el prisionero de Azkaban (Harry Potter and the Prisoner of Azkaban)
Harry Potter y el cáliz de fuego (Harry Potter and the Goblet of Fire)
Harry Potter y la orden del Fénix (Harry Potter and the Order of the Phoenix)
Harry Potter y el príncipe mestizo (Harry Potter and the Half-Blood Prince)

Libros de Encyclopedia Brown, de Donald J. Sobol:

Encyclopedia Brown, Boy Detective
Encyclopedia Brown Strikes Again, también conocido como *Encyclopedia Brown and the Case of the Secret Pitch*

Encyclopedia Brown Finds the Clues
Encyclopedia Brown Gets His Man
Encyclopedia Brown Solves Them All
Encyclopedia Brown Keeps the Peace
Encyclopedia Brown Saves the Day
Encyclopedia Brown Tracks Them Down
Encyclopedia Brown Shows the Way
Encyclopedia Brown Takes the Case
Encyclopedia Brown Lends a Hand
Encyclopedia Brown Carries On
Encyclopedia Brown Sets the Pace
Encyclopedia Brown and the Case of the Disgusting Sneakers
Encyclopedia Brown and the Case of the Dead Eagles
Encyclopedia Brown and the Case of the Midnight Visitor
Encyclopedia Brown and the Case of the Mysterious Handprints
Encyclopedia Brown and the Case of the Treasure Hunt

QUERIDOS LECTORES,

Ha pasado casi un año desde el lanzamiento de *Los libros que leímos juntos* y ha sido un momento con el que sueñan casi todos los escritores. Apariciones en televisión. Viajes. Radio nacional. Para una autora de veintitrés años, esto debería ser deslumbrante. Y lo ha sido. Pero para alguien cuya pasión son las historias, lo más maravilloso de esta experiencia han sido las que ustedes han compartido conmigo.

Escucho a mis lectores todos los días. Sus correos electrónicos van desde una rápida línea de agradecimiento hasta el tipo de textos con los que una puede cenar y luego irse a la cama sin hambre. Cuando empecé a responder a estos correos, observé un patrón que le parecería conmovedor hasta a un cínico: leerles a los hijos no ha pasado de moda.

Algunos padres leen con un lector electrónico y otros, con libros empastados; algunos los piden prestados a la biblioteca y otros amasan grandes colecciones, pero los padres leen. Y leen. Y leen. La mayor parte de los mensajes que recibo hacen notar la frecuencia con que la familia lee y cuando no es todas las noches, es casi todas las noches. Tal vez nuestra persistencia fue única, pero mi historia no es tan rara. Muchos autores sentirían que se les encoge el estómago al comprender que su libro trata un tema tan cotidiano. Pero yo no puedo sentirme más complacida.

La gente me pregunta constantemente si escribiré otro libro. Supongo que es demasiado pronto para estar segura, pero por el momento no tengo planes de hacerlo. Mi padre, que es conocido por sus predicciones, me ha dicho desde que era muy pequeña que tenía una gran historia en mi interior esperando a salir, que la escribiría y la publicaría, quisiera o no. Lo sorprendente es que eso es exactamente lo que sucedió. Nunca planeé escribir un libro. Pero una cosa llevó a la otra: un ensayo de admisión al posgrado se convirtió en un artículo de *The New York Times*; los editores se interesaron mucho en ese artículo, y aquí estoy, una autora de buena fe. Decir que fue un sueño hecho realidad no sería exacto; cuando todo esto se acomodó, al final de mi último año en la universidad, mis sueños aún giraban en torno a encontrar un trabajo que tuviera un seguro médico decente. Pero fue un sueño universal vuelto realidad, como ganarse la lotería o encontrar al príncipe azul: el tipo de cosas que sabes que es una experiencia que solo sucede una vez en la vida. Lo más extraño es que la predicción de mi padre se haya cumplido.

Pero mis sueños siempre han sido poco memorables: encontrar un trabajo que desee hacer todos los días. Formar una familia. Aprender a tejer. He amado esta experiencia, pero si este es el único libro que escribiré, como creo que puede suceder, es suficiente y algo importante. He hecho un viaje loco que mis nietos nunca me creerán cuando, mientras me muevo plácidamente en mi silla mecedora, les cuente que la abuela fue muy *cool*, de acuerdo con alguna definición de la palabra.

Mi puerta siempre estará abierta a cartas, correos electrónicos, publicaciones, mensajes de Twitter y telegramas cantados de las personas que lean mi libro; y además iré a sus escuelas, bibliotecas y librerías. Quiero escuchar hasta el último detalle de La Promesa que han empezado. Estaré ahí para ustedes en cada paso del camino. Y cuando su Promesa dure 3,219 noches, por favor, los animo encarecidamente, escriban un libro sobre ella. Será una experiencia maravillosa para ustedes y su familia.

Por último, como alguien que ha crecido con historias antes de ir a dormir, no puedo concluir este libro sin un final feliz. El suspenso en que los había mantenido llega a su fin. Aquí lo tienen.

Mi padre nunca tuvo que postularse a las elecciones del consejo escolar. Muy pronto, el consejo y los directores se dieron cuenta de los efectos perjudiciales de recortar sus programas de lectura. Un antiguo estudiante de mi padre, que se refiere a él como su «héroe», fue elegido superintendente. La ciudad se encuentra en un período de cambio.

Mi padre disfruta por completo su retiro y les lee a otros en cada oportunidad que tiene. Es uno de los voluntarios más buscados del país, y tiene una gran cantidad de excelentes oyentes adondequiera que va. Y cuenta con un almacén lleno de fantásticos libros escogidos a mano, listos y esperando a sus nietos.

Solo tengo veintitrés años, así que todavía tiene que esperar un poco. Todavía se sienta en su mecedora y mira a los pájaros. Sigue esperando, solo que esta vez lo que espera es la siguiente generación de promesas.

Lo que él no sabe es que ya ha empezado.